STUDY ON RIGHT BOUNDARY OF INTELLECTUAL PROPERTY IN MARKET COMPETITION

市场竞争中知识产权权利边界问题研究

邢文娟 著

WUHAN UNIVERSITY PRESS
武汉大学出版社

图书在版编目(CIP)数据

市场竞争中知识产权权利边界问题研究/邢文娟著．—武汉：武汉大学出版社,2019.7

ISBN 978-7-307-20809-4

Ⅰ.市…　Ⅱ.邢…　Ⅲ.知识产权—研究　Ⅳ.D913.04

中国版本图书馆 CIP 数据核字(2019)第 049842 号

责任编辑:陈　帆　　责任校对:汪欣怡　　整体设计:马　佳

出版发行:**武汉大学出版社**　(430072　武昌　珞珈山)

(电子邮箱:cbs22@whu.edu.cn　网址:www.wdp.whu.edu.cn)

印刷:武汉图物印刷有限公司

开本:720×1000　1/16　　印张:10.5　　字数:151 千字　　插页:1

版次:2019 年 7 月第 1 版　　2019 年 7 月第 1 次印刷

ISBN 978-7-307-20809-4　　定价:39.00 元

目　　录

绪　论

第一节　研究背景和意义

一、研究背景

创新是经济增长的驱动力，知识产权制度更是鼓励创新的驱动力。加入 WTO 后，中国知识产权立法更关注体系建立以及保护高度问题，却忽视了由于知识产权高态势的保护状况引发运用知识产权行为边界无法确定问题，进而导致对竞争的损害甚至阻碍技术和信息传播使用。特别是某些跨国企业利用其知识产权优势保持其竞争优势，或利用各种知识产权限制策略防止受让人及第三方技术扩散阻碍公平竞争，这些行为已经严重威胁到我国企业在市场竞争和社会的整体利益，更加有可能成为将来阻碍我国经济增长的危险因素。

本书从竞争法的视角，研究智力成果及某些无形资产的保护及权利行使问题，包括以下内容：第一，研究对知识产权不适当使用而引发的反竞争行为以及对阻碍竞争秩序的知识产权行为调整，以解析与此相关的市场竞争秩序问题；第二，研究知识产权相关的垄断行为，目的是为探寻作为合法垄断权的知识产权的行使对于市场竞争的影响及其应受到的限制，以解析知识产权的权利边界问题。

基于上述背景，本书研究的目的是在通过对竞争中知识产权边界问题在案例实证研究并进行归纳分析的基础上，探讨关于知识产权的权利使用边界；同时考察比较美、欧等国家、地区相关的立法和实践，提出对相关知识产权竞争问题的规制建议。

二、研究意义

（一）学术价值

（1）明确市场竞争与知识产权保护的关系即竞争权与产权的关系。

（2）分析划定知识产权边界的原因，主要涉及知识产权滥用、知识产权权利冲突理论，并展开系统论述。通过梳理知识产权权利滥用、知识产权权利冲突等范畴，对知识产权边界应当划定的原因进行论证与分析。

（3）研究的角度针对三方面情况：一是实践中存在的利用知识产权限制公平竞争问题；二是通过合理使用知识产权获得竞争地位；三是防止不法侵权获取竞争地位。

（二）实际价值

本书从竞争法的视角，拟解决知识产权权利边界的三大关键问题：技术标准与专利权之间的权利边界问题；外观设计与著作权、商标权之间的权利边界问题；知识产权平行进口中所产生的权利边界问题。通过对案例的分析和比较，笔者运用实证分析方法开展实践考察，对于专利权进入技术标准的问题、外观设计多重保护问题、平行进口规制等现实问题进行剖析，结合实践和法律层面的建设性分析，提出有关建议。

第二节　研究内容与方法

一、研究内容

围绕研究主题，本书共分为五部分：第一部分为绪论；第二部分为知识产权与市场竞争关系的理论分析（即第一章）；第三部分为知识产权权利边界的确定与功能（即第二章）；第四部分为知识产权权利边界问题的具体分析研究（即第三章至第五章）；第五部分为研究结论与研究展望（即结论）。

二、研究方法

文献研究法：查阅相关知识产权法、反垄断法、反不正当竞争法领域内专著、学术文献等，主要收集国内外相关资料，着重研究权利边界理论以及权利滥用和权利冲突的文献。

实证研究法：通过最高人民法院知识产权审判案例指导系列以及通过国家知识产权局网站为代表的一系列权威网站，以及对国外经典案例分析，思考相关判决思维及原理，再通过权利边界理论进行分析考察。

比较分析法：主要通过国内外立法比较使文章观点更为明确，同时也通过对不同理论观点的比较分析使本书观点更加清晰，且脉络更加明了。

第三节　文献综述

目前，我国国内学者主要从以下两个方面研究竞争中知识产权权利边界问题：

其一，运用比较分析方法，考察和借鉴美国、德国、日本、欧盟等域外知识产权滥用或限制制度。

（1）王先林的《知识产权与反垄断法：知识产权滥用的反垄断问题研究》（2008）是一部从反垄断法角度谈各种知识产权滥用问题的专著。这本书从美国微软案开始，从知识产权法和反垄断法角度对知识产权垄断进行总体分析和域外研究，其着重于具体的垄断行为研究，文末讨论了中国的知识产权反垄断问题。这本书是研究美国反垄断法的先例，其中对欧盟案例分析略显薄弱。其 2001 年版《知识产权与反垄断法：知识产权滥用的反垄断问题研究》是从反垄断法的角度探讨知识产权滥用的第一本专著。

（2）韩立余的《反垄断法规范知识产权滥用的特点与局限——以欧美微软案为视角》（2007）从美国微软案入手，从反垄断法视角分析知识产权行为是否构成滥用。它需要建立在反垄断法的规则上规制，而不能仅靠一般的权利滥用原则、公平原则或仅根据知识产权法调整；不过，其同时指出，知识产权滥用的多样性还需要采取各种法律手段共同规制。

(3) 许光耀的《欧共体竞争法通论》(2006) 更为精辟地分析了知识产权与竞争法之间的区别与联系，其同年出版的《欧共体竞争法经典判例研究》则介绍了众多欧盟知识产权反竞争案例，并进行了评注。

(4) 高华的《国际贸易中知识产权滥用的概念及判定标准分析——以美国判例、立法及 TRIPS 为背景》（载《国际贸易问题》2011 年第 10 期)，文章从美国相关经典判例开始，提出在国际贸易中知识产权滥用行为超出正当界限的判断标准的四个构成要件。

其二，从知识产权滥用与垄断行为构成的关系方面进行研究。

(1) 赵启杉的《对我国〈反垄断法〉知识产权除外条款的质疑》① 指出了我国《反垄断法》第五十五条除外条款是当今立法中比较落后的方法，其指出，具体而言应当制定关于反垄断法对知识产权垄断的具体指南为上策。文中提出除外条款的使用会使反垄断司法和执法出现缺乏操作性的弊端，并通过对比美国和欧盟反垄断法立法、执法和司法实践提出应具体制定操作指南的想法。

(2) 韩赤风的《论知识产权权利滥用的界定——以立法和司法实践为视角》② 一文认为，应当以知识产权是否排除、限制竞争作为边界来确定是否有滥用知识产权的行为，这一观点与知识产权滥用即知识产权垄断行为作为反面观点为前提；他认为，依据新修订的《专利法》第四十八条，知识产权违法行使和滥用知识产权的行为是完全不同的行为；此外，他的知识产权滥用中主要参考讨论部分即滥用市场支配地位，均依据欧盟的实践。

---

① 赵启杉．对我国《反垄断法》知识产权除外条款的质疑［J］．东方法学，2011：113-125.

② 韩赤风．论知识产权权利滥用的界定——以立法和司法实践为视角［J］．法治研究，2011：28-32.

（3）王先林针对学界对知识产权滥用与反垄断行为认定的关系问题，发表了《我国反垄断法适用于知识产权的再思考》① 一文，该文首先对我国《反垄断法》第五十五条的立法背景和意图进行梳理，随后提出了第五十五条的作用和功能在于宣示和说明该法在知识产权实施中的基本原则和立场，但是由于第五十五条过于原则性，因而其并不能作为直接认定特定知识产权行使是否构成垄断行为的全部根据，还要结合具体情形分析；他提出知识产权滥用包含知识产权垄断，强调知识产权滥用并非一定是垄断行为，但如果是知识产权垄断行为则一定属于滥用知识产权行为。

上述文献研究的关注点多在滥用知识产权所产生的垄断问题，以及垄断同知识产权滥用关系问题探讨。而这些分析中未认识到知识产权滥用仅仅是权利人越过知识产权权利边界的其中一种形式。因而，上述文献的局限性正表明了本书研究角度与内容的必要性与独特性。

从国外研究来说，多数国外学者关于竞争法与知识产权法关系的研究集中在对某项权利的干预度的问题上，即具体从专利权、商标权、著作权中某项权利角度出发探讨知识产权权利边界。

（1）海格林（Ted Hagelin）提出专利权在科学实验中应有例外规则，并指出科学实验对于专利制度的重要性。②

（2）阿格那姆（Obijiofor Aginam）研究了社会公众健康权与药品专利权之间的矛盾，称之为“生命与金钱”之争。③

（3）世界卫生组织提出在 WTO 有关协议中，由于专利权专有性而对公共健康的影响问题应予以重视，并要求对专利进行限制的

---

① 王先林．我国反垄断法适用于知识产权的再思考［J］．南京大学学报：哲学·人文科学·社会科学版，2013：34-43，159.

② Ted Hagelin. The Experimental Use Exemption to Patent Infringement: Information on Ice, Competition on Hold［M］. 58Fla. L. Rev, 2006: 483.

③ Obijiofor Aginam. Between Life and Profit: Global Governance and the Trilogy of Human Rights, Public Health and Pharmaceutical Patents［M］. 31 N. C. J. Int'l L. & Com. Reg, 2006: 901.

观点。①

（4）在著作权边界问题方面，保罗·戈尔茨坦（Paul Goldstein）在其《国际版权原则、法律和惯例》一书中研究了版权的相关权利限制制度，从合理使用到法定许可，从强制许可到权利穷竭等进行了一定的阐释和研究。②

在国外，还有一些文献专门对知识产权与竞争法的关系、权利穷竭和平行进口进行了研究。

（1）阿博特（Frederick M. Abbott）等在全球技术越发呈现一体化、“专利丛林”的背景下，对知识产权与竞争法的关系进行了研究。③

（2）巴塞斯达（Joseph J. Basista）等对美国法律中的知识产权权利穷竭和灰色地带、平行进口的问题进行了研究。④

（3）芬克（Carsten Fink）等对平行进口的研究基于市场结构、贸易和投资等综合角度和产生的影响等方面进行了研究。⑤

（4）Kelvin Hiu Fai KWOK 的 *A New Approach to Resolving Refusal to License Intellectual Property Rights Disputes*⑥一文对欧盟处理知识产权拒绝许可的传统判例方法进行梳理，然后，从效果分析方法的角度，提出了一些其对拒绝许可行为规制的看法。

---

① World Health Organization, WTO Agreements and Public Health［S］. World Health Organization, 2002.

② 保罗·戈尔茨坦．国际版权原则、法律与惯例［M］．北京：中国劳动社会保障出版社，2003.

③ Frederick M , Abbott & David J. Gerber. Public Policy and Global Technological Integration［M］. Kluwer Law International, 1997：345.

④ Joseph J. Basista, Lynda J. Zadra-Symes. Using U. S. Intellectual Property Rights to Prevent Parallel Imports［J］. E. I. P. R, 1998, 20（6）：219-225.

⑤ Carsten. Fink（Editor）. Intellectual Property Protection：Effects on Market Structure, Trade and Foreign Direct Investment［J］. World Bank Publications, 2004.

⑥ Kelvin Hiu Fai KWOK. A New Approach to Resolving Refusal to License Intellectual Property Rights Disputes［J］. World Competition, 2011, 34（2）：261-286.

上述国外文献显示，国外学者从不同视角对知识产权权利边界某些问题进行了研究。他们均提出了自己的分析方法，但缺乏与知识产权对竞争损害方面的结合研究，更是缺乏从知识产权权利边界角度的相关思考。

总的说来，我国学者对知识产权滥用或限制问题的关注起步较晚。很多学者由于知识产权制度功能和价值以及其所带来的巨大的经济利益，而更关注于如何加大知识产权保护范围及程度，以致近年由于西方大国运用各种贸易保护政策、经济、法律制度对发展中国家频频打压，要求发展中国家提高知识产权的保护水平，从而使发达国家与发展中国家关于知识利益的矛盾越发突出。发达国家的跨国公司通过利用知识产权策略来损害我国竞争者利益的事件频发，这种行为不单损害我国竞争者的利益，更是严重威胁国家利益和社会公共利益。因而，本书从竞争角度对知识产权进行关注，特别是从竞争角度以知识产权权利的界限问题为研究对象，并结合知识产权损害竞争案例，作实证分析研究。综上，笔者选择这一角度展开，以期弥补当下理论界在此方面的不足，进而分清竞争中知识产权边界问题，还市场以公平自由的竞争环境。

第一章　知识产权与市场竞争关系的理论分析

第一节　知识产权对市场竞争地位的影响

一、知识产权与企业竞争优势

21世纪，知识经济的迅猛发展，国家间、企业间的竞争形式从根本上发生了改变。这种改变从物质形态的竞争悄然演变成了科技的竞争，从低层次的以依赖廉价劳动力或者是价格竞争转变为高层次的依靠科学技术、品牌优势、高水平产品质量的竞争。这种科技和高层次的竞争，其实质就是知识产权竞争。这种竞争方式的转变表明，企业要在市场竞争中赢得一席之地就需要拥有核心竞争能力即知识产权，特别是关键领域内的产权技术的竞争。对于企业来说，挖掘这种知识产权所蕴含的巨大商业价值，也成为企业在竞争中制胜的法宝，也是决定和制约企业生存发展获得持续竞争优势的关键。

赢得市场竞争优势，特别是通过知识产权获取竞争至高优势地位，从而赚取丰厚利润更是企业经营的最高宏愿，笔者从以下四个方面探讨企业依据知识产权获取竞争优势地位的途径。

第一，凭借知识产权专有能力赢得竞争。

知识产权的权利垄断，是指创造者对其智力劳动成果享有专有权利，权利人这种权利专有受到法律的严格保护。知识产权由于法律赋予的垄断权，可以视为合法地对市场控制的无形财富，更是企业重要的无形资产①。这种合法的垄断权其意义在于对其他公众欲使用相同方式方法制造、使用产品或技术的阻挡力，并且由于这种力量在法律许可的范围内，因而受到法律保护和承认；也使企业通过知识产权的垄断性阻断了他人对该种智力成果的生产、使用，更使其通过制度的优越性赢得竞争优势，并更容易获取竞争的优势地位。但是，我们应当明确，知识产权拥有的这种垄断性，更多的是一种权利状态的指向表述，是一种能力界定，并非反垄断法意义上的“垄断”。反垄断法意义上的“垄断”不是知识产权所主张的某一具体权利的占有状态，以及阻碍他人使用的能力，反垄断法更注重要求甄别一种行为行使是否损害了正常的、自由的、公正的、竞争状态和次序，是否在一定程度上限制了竞争，而此种危害以及限制竞争的行为法律是否应当容忍或规制。

第二，利用核心知识产权转化为生产力赢得竞争。

在科学技术突飞猛进、知识经济方兴未艾、经济全球化加快发展的今天，伴随着企业知识产权的大量产生，企业对知识产权利用，也从以往的纯保护状态，慢慢变成将知识产权切实转化为现实生产力，将设计图纸转变成现实的产品。企业通过其掌握的新技术方法与手段，不断提高产品和服务的科技含量，对知识产权成果进行有效保护并使之转化为生产力，真正发挥“科学技术是第一生产力”的巨大威力，以保证企业在竞争中位于领先地位。② 特别是形势发展的需要对核心领域知识产权的挖掘和使用产生了巨大能量，例如知识产权和技术标准结合方式，已成为各大企业占据市场竞争领先地位的重要手段，也是打造企业核心竞争力的一种重要途径。

第三，利用知识产权保证企业经营安全。

一方面，依据申请优先原则，首先申请国内乃至国外注册商标抑或专利，从而拥有了专有性，再通过经营商品、技术产品以及服

---

① 冯晓青．企业知识产权战略［M］．北京：知识产权出版社，2008：6.

② 黄辉．论企业知识产权管理［J］．企业科技与法治，2008（5）：38.

务抢占某领域国内外市场，这种优先申请行为不仅抢占经营先机，更是同时规避了侵权风险。另一方面，我国企业在参与国际市场的竞争中，会面临知识产权的非关税贸易壁垒、侵权诉讼、被抢注商标等风险，面对这种风险，企业既要学会利用知识产权参与竞争，也要在他人滥用知识产权侵犯我们的利益时，学会保护自己，保证企业经营安全。

第四，利用知识产权提高产品附加值。

一个企业在知识产权领域拥有的数量和质量，是判断企业技术能力和竞争能力的重要标志，同时，企业为了应对复杂多变的市场环境和满足消费者不断变化的消费需求，也需要科学技术对产品的助力。对2008年金融危机余波冲击调查发现，拥有核心知识产权的自主型企业相比传统劳动密集型企业受到的冲击并不大，而且以知识产权为核心的高新技术行业，甚至在面临危机时能够逆流而上，持续不断发展，取得了很多其他企业不能达到的业绩，从而，其他企业也认识到拥有核心技术和自主的知识产权，才能在市场抢占竞争“高地”；甚至还可凭借知识产权这种无形资产进行质押融资，实施知识产权许可，转让部分知识产权，建立产业联盟，能盘活企业的无形资产，带来巨大价值。

二、知识产权对竞争优势地位影响机理

知识产权权利人对其智力成果拥有的竞争力应当从以下三个方面分析。

第一，独占的支配力。独占的支配力也就是一种专有的合法的垄断权。因为知识产权是人身权和财产权的结合，实施产权的客体是作品、专利和商标，而其作者、发明人、设计人被授予权利后就拥有与人身不可分离的权利，当然除依法规定外，不得以任何方式转让；知识产权的财产权性质在于，知识产权对权利人的财产价值意义和商品性质。这种权利一经授予，任何人不得侵犯，是权利人所专有，并垄断这种专有权且受到法律保护，未经权利人许可或授权，不能享有或使用这种权利，权利人通过对这种权利的自己使用

或者许可他人使用的使用行为获取相应收益。另外，知识产权权利人享有由于法律规定而对其知识产品拥有独占的支配权利，如果他人对其知识产品非法使用，构成侵犯知识产权行为，那么权利人可以对非法使用行为追究法律责任。

第二，知识产权的一物一权性。两个或两个以上同一属性的智力产权无法同时于一个智力成果之上存在。① 也就是说，当一个知识产品被赋予知识产权后便具有了产权化性质，根据“一物不存二主”原则，那么该权利与智力成果相互呼应，所以主体的唯一性对应了权利的唯一性，这里严格确指知识产权这种所有权。

第三，知识产权垄断力具有边界性。知识产权权利人就其智力成果的垄断力也具有时间和地域以及使用形式的限制。相对于物权，只要物存在，权利人始终享有对物的支配权，也不论物在何方。知识产权仅在法律规定的期限内受到保护，一旦超过法律规定的有效期限，知识产权就自行消灭，相关知识产品也就相应地成为全社会的公共财富，为全人类所共同使用。另外，知识产权的产生和使用是根据一国法律所获得，仅在该国领域内有效，在其他国家原则上不发生效力。② 而知识产权由各国法律确定产生，具有地域限制；知识产权的时间限制在于一旦法定垄断期限届满，即便知识产品依然存在，它也会进入公共领域，丧失其专有的垄断力。更进一步说，即使在保护期内，其专有垄断性也只能在法律授权范围内有效，并不存在普世的知识产权之说。知识产权权利人通过独占智力成果进行生产经营活动的法律机制，以及控制知识产权资本化产生过程，可能会影响一国国内市场甚至国际市场。由于以智力成果为核心的知识商品的生产和销售，会受到知识产权权利人强有力的控制，所以知识产权很可能受其控制而成为一种左右市场的垄断性力量，从而影响竞争。

---

① 吴汉东．知识产权法［M］．北京：法律出版社，2004：13.

② 韩赤风．知识产权法［M］．北京：清华大学出版社，2005：6.

第二节　知识产权滥用行为与市场竞争关系

一、知识产权滥用的行为表现

知识产权制度虽然是当今社会促进知识创新的主要制度，但并不完美，有着先天的缺陷。就专利制度来说，专利保护是反垄断的例外，专利制度“积极地容许垄断，从而在反垄断法上开了一个大洞”①。知识产权作为民事权利的一种，存在权利被滥用的可能。从实体上讲，知识产权带来的利益驱动使权利人有滥用实体权利的倾向，即不适当扩张其垄断权范围；从程序上讲，知识产权权利人利用诉讼方式，随意指控他人侵权，亦可造成他人重大财产损失，因而知识产权滥用是一个既包含实体滥用又包含程序滥用的复杂的行为。

知识产权滥用如从其违反的法律进行分类，则包括：第一，违反知识产权法本身的反竞争行为，即知识产权的行使违反了专利法、著作权法、商标法等规定，例如持有人将专利“置之高阁”同时亦拒绝他人使用的请求，或者利用知识客体的特点而寻求重复保护等；第二，违反竞争法的反竞争行为，指权利人为行使自身权利谋得最大限度的利益，例如欺骗性交易、仿冒行为、侵犯商业秘密行为；第三，违反反垄断法的反竞争行为，例如滥用市场支配地位，联合限制竞争及企业并购中的知识产权获取等。另外，还包括程序上的知识产权滥用行为，例如对竞争方采取滥发侵权警告函，无根据地指控他人恶意诉讼等行为，等等。

具体行为表现分析如下：

1. 拒绝许可行为

由于知识产权的垄断性，权利人拒绝他人使用其智力成果维持自己的垄断地位。排挤竞争对手本无可厚非，但是如果利用自己的

---

① 吉藤幸朔．专利法概论［M］．宋永林，魏启学，译．北京：专利文献出版社，1990：1.

市场支配地位拒绝他人合理使用的请求权时，则认为是拒绝许可行为，构成知识产权滥用。《欧共体条约》第八十二条不得拒绝供应产品义务便是此义务在知识产权领域的延伸，特别 1996 年 Magill 案更是成为滥用版权①行为的经典案例。②

2. 搭售行为

在反垄断法意义上的搭售是指出卖方凭借其市场优势地位，使购买方在购买其产品或服务时无法直接选购其真正需要的产品，而是必须附带购买与出卖方或与合同无关的产品或服务的行为。这种行为的目的是出卖方依仗其市场竞争中优势地位，通过搭售交易将其竞争优势地位延伸到搭卖品市场，从而达到限制下游产品，服务市场竞争，获取巨额垄断利益。

3. 价格歧视行为

在知识产权领域中，将知识产品当作垄断产品实行价格歧视是普遍现象，例如在著作权领域，书籍或者软件由于发行地区不同而存在差异，也会因为客户购买的数量和金额不同而给予不同的折扣等；价格歧视从经济学角度出发可以认为是一种根据市场细分的经营表现，但是从法学视角看，如果这种歧视行为在相同或类似市场针对其下游客户抑或消费者收取不同产品费用并且对此无任何合理正当解释，那么可以认为是阻碍了下游客户厂商的公平竞争状态。

4. 联合限制竞争行为

我国《反垄断法》将其称为“垄断协议”，德国称之为“卡特尔”，发生背景是市场集中度较高，经营理念较为相似的支配或优势地位的经营者之间，目的仍然是为了排除小企业的进入市场行为以及通过协同合作或达成一致为巩固、加强其既得优势地位。在知识产权上，这种联合行为主要在专利领域，例如通过专利池的达成

---

① “版权”是英美法系的概念。我国《著作权法》所称的著作权即版权。

② Estelle Derclaye. Abuses of Dominant Position and Intellectual Property Rights: A Suggestion to Reconcile the Community Courts Case Law [J]. World Competition, 2003, 26 (4): 685-705.

对第三方的市场准入和交易进行限制等。

5. 滥用诉权行为

知识产权诉讼本身具有漫长、复杂、费用高昂、损害力强的特点。而对于原告方来说，无根据指控被告侵权，还有滥发警告函，恶意提起诉讼等方式会使竞争对手在经济上和商业信誉上处于被动境地，更会因诉讼带来的负面影响在订约、履约时使被告方容易产生更多、更大的经济损失，最终使其被迫接受原告方的苛刻要求。

以上这些知识产权滥用行为对市场竞争地位的获取，既包括对知识产权的越权使用，也包括对原有支配地位的滥用而取得，这种知识产权滥用行为不仅限制、损害了竞争原有公平、自由状态，更是对其他市场参与人包括经营者和消费者的合法权益的侵害，最终妨碍我国企业提升国际竞争力；那么，除了一方面对知识产权不当行使行为进行规制调整外，另一方面就要重视权利行使边界体系的建立，确定权利行使行为的界限和范围。

二、知识产权滥用对市场竞争的影响

知识产权滥用对竞争的损害，可以从以下三个方面来进行分析。

第一，排除竞争。对竞争完全排除的方式，例如技术标准垄断，又如专利联营行为，或是固定价格行为等，都会排除特定市场内竞争以及竞争者之间实质竞争的存在，最终产生严重的无竞争状态之后果。

第二，限制竞争。限制竞争行为可表现为在知识产权许可过程中的搭售、回授、独家交易等，这些行为实质在于降低或弱化市场竞争强度，从而产生限制竞争的状态。相对于完全排除竞争方式，限制竞争行为仍具有竞争状态，但是却弱化了完全竞争的竞争强度。

第三，妨碍公平竞争秩序。例如知识产权人在许可交易中，通过过高定价、掠夺性定价、差别待遇等行为，损害被许可方的合法利益，妨碍公平竞争，并且损害了当事人双方公平交易秩序；除此之外，对行业竞争秩序也产生严重影响，一方面知识产权人凭借竞争优势地位对下游企业或交易方的公平交易形成妨碍，另一方面如果严重打压行业参与人，则不仅影响其他行业参与人的积极性，特别是在研发领域，更是对行业健康、可持续发展造成不良后果，因此，表面上看是对行业参与人、对行业、对社会的损害，其实质是对竞争秩序造成严重损害。

第三节　权利边界与竞争秩序的关系

一、权利需有边界

任何权利的行使都有一定的边界，没有不受限制的权利。相应的行为哲学表明，权利也具有相对性，权利存在着来自外在的限制，权利的行使存在着具体的边界。① 权利的相对性是一种对权利的认识理念，既要认识到权利是有边界的，也要认识到权利是相对的，更要认识到权利带来的利益也是有边界的。就如知识产权，其利益来源于法律认可的合法的垄断力，因此，当事人可借助于这种合法的垄断力许可他人使用其智力成果，但是也应当认识到法律在赋予这种合法垄断力的同时也限制了这种垄断力的边界，亦如由于突发影响公共卫生安全而对急需专利药品所做的强制许可等。因而，一方面为了清晰知识产权权利界限，另一方面为了防止知识产权人越权妨害他人权益甚至引发威胁公平竞争机制及社会稳定发展恶果，所以需明晰知识产权权利边界。

二、权利边界研究的必要性

本书从以下三方面论证研究权利边界的必要性。

（一）权利边界理论有助于知识产权侵权认定

格雷特·哈丁在《公地悲剧》一文中说明了在产权不清晰的情形中，人人都想占有“无主”的公有资源导致相关负效应；这

① 易继明．禁止权利滥用原则在知识产权领域中的适用［J］．中国法学，2013（4）：42.

个经济学故事能够让人们理解知识产权制度的创造体现出文明的进步，表明对个人创造的尊重，也表明该制度对经济增长有巨大的推动作用；相对而言，我们也必须清醒地认识到，如果知识产权人在逐利性驱动下放任扩大权利的使用，以至于违背制度创造之初衷甚至严重威胁或损毁公共期待，那么也许会是一种得不偿失的保护，因而权利应当被限定在“围栏”内。

权利边界可以分为内部界限与外部界限。权利的内部界限着重于权利本身，其强调权利的行使是否合乎法律法规，如果行使超出了合法权限而对他人权利产生阻碍，那么或许也会被认定为侵权；权利的外部界限着重于权利范围，其主要强调该权利与其他权利之间的关系和界限，即权利的“疆域”问题；倘若外部界限划分不明，则可能会导致权利冲突，超出外部界限行使权利，那么便构成侵权。

以 2014 年最高人民法院审理“歌力思”案为例。① 深圳歌力思公司长期使用“歌力思”作为企业字号及在其服装商品上使用“歌力思”商标。王某于 2009 年在与服装商品关联性较强的手提包、钱包等商品上也申请注册“歌力思”商标，其文字构成与深圳“歌力思”完全一致。随后，王某在深圳歌力思公司产品经销地公证购买后进行诉讼维权，从时间与行为判断王某举动难谓正当。诉讼历经三年，最终于 2014 年由最高人民法院提审并判决确定，深圳“歌力思”不会使消费者混淆来源，因而不构成对王某商标专用权侵害。从王某行使商标权之行为则可判定其超越了权利的内部界限，即行使自有商标权的行为超出了权利内部限制划定的范围，并对他人的正当权益构成侵害。如同最高人民法院对该案的评论，恶意攫取商标权并以损害他人正当权益为目的使用，与法律目的和精神相悖，因而王某的相关主张不能得到法律保护亦不予支持。

---

① 深圳歌力思服饰股份有限公司、王碎永、杭州银泰世纪百货有限公司侵害商标权纠纷提审案（最高人民法院［2014］民提字第 24 号）。

（二）权利边界理论有助于判断知识产权滥用

2015 年，国家工商总局《关于禁止滥用知识产权排除、限制竞争行为的规定》颁布实施。该规定对知识产权外部界限进行了更加清晰的划分，对经营者如何把握权利分界线，维护自身利益作了详细的规定；并对经营者运用知识产权达成的垄断协议和滥用市场支配地位导致损害竞争对手公平交易权、自主选择权行为之规制标准和结果均进行了规定。

现在对合理边界的判断主要有以下观点：

有学者认为，"知识产权作为一种民事财产权，应以民法的权利滥用来判断，民法上的权利滥用是权利人实施了超出权利正当界限的行为，该行为造成其他合法权益受到侵害"①。判断是否超出正当权利界限有如下几个判断要件：一是权利是否存在；二是权利人是否对其权利作为；三是权利行使是否违背法律精神、公序良俗；四是对公共利益造成损害或威胁。

王先林对知识产权滥用的因素，作出了总结。他认为判断知识产权是否滥用的因素主要包括以下四个方面②：一是主体应当是合法权利人；二是主观要求有滥用的恶意；三是客观方面有超出正当界限的行为并损害了他人合法权益；四是对客体总结，即对国家、社会、他人利益的侵害。对于权利是否滥用的判断关键是判定其客观方面和客体要件，即从行为上、后果上分析是否损害他人及公共利益。

还有学者则从权利边界的角度判断权利滥用标准。他们认为，"权利人滥用知识产权的行为特征是超越权利边界，因此，确定相关知识产权的权利边界就成为判定是否存在知识产权滥用的关键因素"③。笔者认为，权利边界观点对权利滥用判定更贴切。

---

① 武长海．论民法之权利不得滥用原则［J］．政法论丛，2009（6）：89.

② 王先林．知识产权法与反垄断法［M］．北京：法律出版社，2008：90.

③ 孙南申，胡荻．论工业品知识产权的法律边界［M］．国际商务研究，2016（1）：21.

那么在权利边界的语境下对知识产权滥用行为分析如下：

第一，内部边界由知识产权法律法规对其各种权利明确规定构成，各种权利的具体的行使内容及行使范围构成一道围墙，超出这道规则制定的墙就构成知识产权的权利滥用。法律条文中对权利限制的外在表述是对该权利范围的明确划定，圈定出该项权利的具体内涵和范畴，因而符合法律的明文规定是权利行使正当性要求的基础。① 例如，知识产权立法对于知识产权的行使时间、空间、合理使用、法定许可都有规定，如果超出了合理使用的界限，抑或知识产权保护已经超过了保护时间，权利人仍凭之向使用人收取许可费或者利用知识产权多重保护希冀得到知识产权专有保护，则构成滥用，因而，“判断知识产权的行使是否越界，首先需要判断知识产权人的行为是否超越了知识产权法对知识产权所设定的期限与地域”②。

第二，外部边界则依据与知识产权立法的宗旨和目的是否违背，以及根据是否对他人的合法权利或社会公共利益侵犯，来判别知识产权使用是否越界。“知识产权制度中的知识产权人对智力产品的垄断和社会公众对其的合法需求构成了矛盾的两个方面。”③知识产权的行使，一方面要充分有效地保护知识产权，激励权利人，鼓励其创新的积极性，另一方面又要防止权利滥用或被不正当使用而损害国家、社会和他人的合法利益。以技术标准为例，如果专利被纳入技术标准，但是专利权人却拒绝许可或趁机谋求高额许可金，那么这种滥用行为不仅是技术标准致命的打击，更是对产业发展和行业进步的阻碍。总之，内外部边界划分的目的是要做到维护公平的竞争秩序，促进生产力发展和文化事业的进步，达到知识产权制度与竞争在正义价值与效率价值间的平衡。

---

① 孙南申，胡荻．论工业品知识产权的法律边界［J］．国际商务研究，2016（1）：19.

② 孙南申，胡荻．论工业品知识产权的法律边界［J］．国际商务研究，2016（1）：21.

③ 冯晓青．试论以利益平衡理论为基础的知识产权制度［J］．江苏社会科学，2004（1）：211.

综上所述，如果正义与效率无法在知识产权与竞争间达到平衡，就会引起知识产权滥用行为，而知识产权滥用正是僭越知识产权权利边界的表现之一。

（三）权利边界理论有助于解决权利冲突问题

“权利冲突”近年来成为国内法学理论中的讨论热点。当一项财产黏附多项权利时，就会发生权利冲突的现象。权利冲突问题在法理学界早已有过讨论，“权利冲突应该是指合法性、正当性权利之间发生的冲突”①。合法性强调权利取得是否合乎法律规定，所谓的“合法性”，是指权利的取得是法律授予或至少不是法律禁为或勿为模式。“正当性”趋向于理念价值来源，即权利的获取出之有据，合乎正义、公平等基本理念。

“所谓权利冲突问题，实际上是个权利边界的划定问题。”②同一知识产权客体依法衍生的两项或者两项以上相互矛盾或抵触的权利的现象，即就同一知识产权客体在某种条件下同时归属于多个主体的法律形态。③ 考虑到知识产品的无形性、生产过程的特殊性，即创新成果并不完全依赖于创新主体在特定区域或范围的活动，而是智力资本长期积累的结果，因而难以在知识产权“权利冲突”争议与知识产权“侵权争议”之间划出一条明晰的界限。这就意味着，知识产权的权利冲突是客观存在的，有必要将权利冲突思想引入相关法律制度。④

每个权利人都有在法律规定的限度内追求并获取自己最大利益的正当性，然而每个人在追求利益的过程中难免与他人的利益出现摩擦从而发生冲突。知识产权具有无形、稀缺的特点，因而在知识产权领域更易发生权利冲突，更是由于知识产品无形性特点，导致

---

① 刘作翔．权利冲突的几个理论问题［J］．中国法学，2002（2）：57.

② 郝铁川．权利冲突：一个不成为问题的问题［J］．法学，2004（9）：3-6.

③ 冯晓青，杨利华．知识产权权利冲突及其解决之探讨［J］．电子知识产权，2001（8）：25.

④ 方江宁．知识产权法基础理论［M］．北京：知识产权出版社，2014：299.

权利冲突情况较为复杂。在众多的知识产权权利纠纷中，例如商标权之间，专利权之间，商标权、著作权与专利权之间，商标权与企业名称之间，著作权与专利权之间，以及域名与商标权之间等，都是因为利益冲突而产生的权利冲突，而这些利益冲突往往都是由于市场竞争而发生的。因而，权利冲突的解决过程，就是对市场竞争中的发生权利冲突的权利边界进行重新界定的过程，也必然涉及限制知识产权滥用和维护公平竞争问题，界定的过程需要清楚权利的内在使用边界和外在边界进行利益衡量和价值选择，对知识产权权利冲突利益格局作出整体的判断从而得出相关结论。

综上，权利边界理论对于规制市场主体投机取巧导致市场无序，对消费者利益维护是肯定的，也对维护国内的公平竞争秩序意义重大。

本章小结

本章研究知识产权权利边界理论的必要性和合理性。笔者从知识产权与市场竞争的关系入手论及知识产权保护日趋高涨。在这种情势下知识产权权利人借助知识产权这一合法的垄断权拥有了竞争优势，但在利用竞争优势的过程中，出现了一些反竞争行为应受到规制，那么权利边界理论的研究对这些反竞争行为具有重要意义。

第二章　知识产权权利边界的确定与功能

第一节　权利边界的范围确定

一、权利边界的内涵

（一）权利及其边界

权利是法学及其理论中的基本范畴之一，不仅是人权概念的核心词，也是法律规范的关键词，更是法律规范的主要逻辑主线之一。权利是指法律赋予人实现其利益的一种力量，与义务相对应，无论在家庭、社会，还是在国家甚至国际关系中都是最广泛、最实际的内容。从普遍意义上表述，权利实际上是作为国家意志体现的法律规定，是权利主体可以做什么和不可以做什么的一种许可；对于这种许可，法律既通过一定的方式予以认定，还给予它特定的保障。

20 世纪以来，国内外学术界对于权利理论的争论主要围绕权利概念的理解、用法，以及权利的道德基础等方面展开,① 涉及领域包括政治哲学、法哲学、社会哲学、伦理学、逻辑学、经济学、历史学等诸多领域，然而权利的理论的谜题依然如美国法学家庞德慨言的“法学之难者，莫过于权利也”②。

---

① J. Waldron. Theory of Rights [M]. Oxford: Oxford University Press, 1985: 2.

② 程燎原，王人博．赢得神圣：权利及其救济通论［M］．济南：山东人民出版社，1998：2.

从本书的研究角度，权利这个概念倾向于利益说。利益说的代表学者为德国法学家耶林，他认为权利的基础是利益，权利来源于利益的要求，是法律所保护的一种利益，但并非所有的利益都是权利，只有为法律所承认和保障的利益才是权利。“在当代世界法学中，几乎无人否定利益说是影响最大的权利和义务的理论。”① 英国思想家奥斯丁甚至明确地说，“权利的特质就是给所有者以利益”，“授权性规范的特质就在于以各种限制条件对实际的利益进行划分”。② 概言之，权利来源于利益要求，权利是法律所承认和保护的利益。

权利有其鲜明特征，包括自由性、利益性和意志性。一是具有自由性。权利人对权利的支配和使用都是自由的，在法律规范内是不受约束的。因为自由是权利的前提，权利，作为人的一种积极追求，体现着人的自由，如果没有自由，也就没有权利可言。二是具有一定的利益性。权利的价值在于能够为权利人带来利益。权利人若想提高自身的利益系数，必须通过积极行使法律赋予的权利来实现。从这种意义上看，权利既与利益相关又与利益是不同的两个概念。权利是权利人能够追求一定利益，或者摒弃一定利益的法律形式，而利益是满足主体需要的价值。主体的行为指向一定的利益，但行使权利不一定能给其带来利益。三是具有意志性。因为权利是主体的自我选择和决定，体现主体的意志性。需要指出的是，不管权利人作出怎样的选择，不管权利人作出决定之后是积极行动，还是消极行动，都应该限制在法律的框架内。从法律规范的角度来看，法治运行到今天，权利人的权利受到更多的限制，既有可能是因为维护公共利益的需要，也有可能是因为要排除过分自由的表达。因此，可以说，权利既包含了意志的因素，也包含了利益的因素，还包含了行为的内容，是三者相结合的产物。其中，权利以利

① 张文显．法哲学范畴研究［M］．北京：中国政法大学出版社，2001：303.

② J. Austin. The Province of Jurisprudence Determined ［M］. London：Weidenfeld & Nicholson，1954：140.

益为依归，利益是权利的目的所向；自由的意志支配着权利的行使；而利益和意志之间需要行为来联结。①

任何权利都是有边界的。边界就是一种此物不同于他物的标志和界线，构成一个事物和他物区别的外在表现，也可以这样说，事物与事物的不同主要依靠边界予以区分。当权利和权利之间因为特定的原因发生矛盾时，尤其是发生本质性的冲突时，就需要利用边界的居中性来化解矛盾和平衡利益了。权利的确立首先基于对权利的承认，其次才是权利的限制，如果权利根本不被承认，那么对权利的限制也就无从谈起；同时，权利更是一种责任，这种责任要求权利人必须对其他权利人保持尊重，以此来确保其他权利人的自由。每个个体的权利人都有属于自身的权利，因此，每个权利人之间都必须保持一定的克制。② 自从权利研究兴起以来，古今中外包括各个学科领域在内的学者都或多或少地追求过权利边界的本意。孟德斯鸠提出过“法律自由”论，密尔则认为权利的边界要求“防止对他人造成侵害”，格林则同意一定程度上的“国家干预”，等等。③ 各个主体地位的确认及权利边界的延伸，是以不侵犯其他权利主体所拥有的权利内容以及利益所向为准则的。在实践中，每个权利人都有让自身的权利利益最大化的目的，此时，权利人之间的权利边界就必须非常清晰。

人作为一种社会动物，依据其社会性必然追求人人平等，追求权益最大化。因而，如果一个人在追求自身权益的过程中，不顾权利边界或是将边界扩大化，造成了对他人权利的侵害，在本质上也对自身权利实现构成潜在威胁。而其追求的权利都应设有边界，这种边界既包括主观因素，也包括客观因素；同时一种权利如何区别于其他的权利，一种权利是否能行使和实现，答案都在于法律设定

① 程燎原，王人博．赢得神圣：权利及其救济通论［M］．济南：山东人民出版社，1998：22-29.

② 孙春华．权利边界论［D］．重庆：西南政法大学，2008：22.

③ 程燎原，王人博．赢得神圣：权利及其救济通论［M］．济南：山东人民出版社，1998：209.

权利自有边界，同时也应当使“社会人”知晓“权利就应该具有边界”，“社会人”也应自我克制，从而才能使每个权利人的权利都能更好地实现。每项权利都存在于具体的法律关系之中，会受到各种各样社会关系的影响，也与时下的经济社会发展水平相关。权利边界不是绝对分明的，也并非固定不变。每一种权利关系及人与社会都是具体的和时刻变化的。不同的历史时期和不同的发展状况、不同的公序良俗，都是权利人能够实现其利益的基础。他人行为构成自我行为的边界。①

（二）权利边界的内容

法律关系内的权利是有框界的，这种框界既包括外部的界限，也包括内部的界限。知识产权也是一种法律权利，同样具有双重性，包括内部边界和外部边界。知识产权的客体和内涵构成了知识产权的内部边界，知识产权与其他权利的效力范围勾画出了知识产权的外部边界。② 随着国家政策法规的变化、经济社会的发展、各种技术的进步以及日益变化的商业需求，知识产权的边界也会不断变化。只有在知识产权的边界内外，努力营造尊重竞争、尊重知识产权自由创新的文化氛围，让崇尚科学，遵守规则、秩序蔚然成风，才能促进经济社会协调发展。

第一，内部边界由知识产权的客体和内涵构成。内部边界源于法律规范的明确规定，其内涵和外延都源于法律具体条文的本源解释，也就是说，知识产权权利人行使权利的正当性源于法律的明文规定。若权利人对其合法权利的行使或利用超出了内部边界划定的范围，仍有可能构成对其他权利的侵犯。具体来说，知识产权中著作权、商标权、专利权的具体内涵均由知识产权法律法规规定。各种权利的具体行使内容及行使范围即构成一道围墙，形成一个无形且具有法律强制约束力的框界，超出法律具体规则制定的围墙和框界就构成知识产权的权利滥用，亦即突破了知识产权的内部边界。

---

① 孙春华．权利边界论［D］．重庆：西南政法大学，2008：22.

② 孙南申，胡荻．论工业品知识产权的法律边界［J］．国际商务研究，2016（1）：19.

第二，外部边界依据与知识产权立法的宗旨和目的以及是否对他人的合法权利或社会公共利益侵犯来判断知识产权行使是否越界。权利的外部边界是指权利与其他权利之间清楚而明晰的界限，以及每项权利是否侵犯他人的合法权利的问题。如果边界不清楚，它将在不同权利之间产生冲突；同样地，如果超越规定的边界并行使自身的权利就会构成违法。与外部限制相反，权利行使的范围，即权利的内部限制，小于权利的外部边界。权利的外部边界是从权利本身来说的，而权利的内部边界则针对权利的正确行使而言的。外部界限涉及对他人合法权利的侵权问题。① 从理论上进行分析，"权利" 源自于法律规范中对人们行为的价值及价值秩序的具体表述，不同的价值关系和价值秩序构成具体的权利范围，也限定了具体的权利边界。如果人们追求价值的行为符合法律规定的价值秩序，我们就可以说追求行为是"正当的" ②。这其中又包含两层含义：一是对知识产权的主张和使用不能侵犯他人的各种合法权利，否则就构成对他人权利的侵犯，构成知识产权行使的越界。二是当知识产权的主张和使用与社会公共利益冲突时，作为个人或社会经济体所有的知识产权权利应适当地让渡给社会公共利益以维护符合社会公众整体利益的社会公共利益，这也是知识产权行使中必须恪守的外部边界。

第三，内部边界与外部边界的关系。由于知识产权的权利越界行使有可能会破坏知识产权原有的平衡机制，从而引发一系列的消极后果，而这种越界行为的判断和预防则必须从知识产权法自身的内部边界规范与知识产权法与其他法律、知识产权权利人与其他权利人之间的外部边界来判断，从而构建知识产权的权利边界体系。内部边界由法律、法规对权利、权能应当具有的内涵和外延构成，也就是通过法律的具体条文来进行本源解释，通过明确内部边界来

① 孙南申，胡荻．论工业品知识产权的法律边界［J］．国际商务研究，2016（1）：19.

② 王克金．权利位阶、权利平等抑或权利边界——以权利冲突的解决为视角［J］．长白学刊，2010（4）：89.

表达该项权利的具体构成和行使规则；而外部边界则是当某主体对其权利行使与他人合法权利以及社会公共利益发生冲突时予以判断是否过界的判断原则规定。通过对内部边界及外部边界关系的梳理可以明确对知识产权与竞争权冲突行为进行分析的先后顺序，首先便是根据法律规定明了权利及其构成，是权能问题的研究；其次便是依靠外部边界的原则性规定对权利行使行为及结果有明确的指引并为权利行使提供导向作用。两者相辅相成，缺一不可。

（三）界定知识产权权利边界的原因

知识产权的权利边界由于涉及不同权利人的利益和公共利益，导致划定权利边界时面临不少挑战，在生活实践和司法实践过程中也往往存在很多棘手的权利冲突现象。原因之一是立法本来就是滞后的，再加上不断催生的新事物，立法技术很难跟上经济社会发展的变化，导致边界划定和权利配置都存在一定的不同步性；原因之二是法律表述需要符合精简、经典的要求，如果立法时的用语存在歧义，也可能导致权利边界的混乱或不精确。①

除了立法技术和法律规定语言两方面的原因之外，之所以要明确划定各项知识产权之间的边界，是因为必须正视知识产权本身具备的三个特征。第一个特征是公共性。知识产权本身具有一定的公共性，在一定的时间和范围之外还必须最大限度地满足公众和社会发展的需要。因此，知识产权的相关政策历来为世界各国所重视，在不同层面和不同领域的国家政策中，都会考虑到知识产权对于自身经济社会发展的促进功能，并采取统筹推进的方法予以拟制。第二个特征是创新性。我们所面临的世界是不断变化发展的，各个领域和各个行业的知识产权层出不穷，规范知识产权各种关系的法律也会因为对象的变化而变化，这就奠定了知识产权的朝阳特征。同时必须重视高度创新本身所具有的垄断性，如若对创新的权利不进行精确地规范，则可能导致持续的创新以及公众利益会得到不当的压制。第三个特征是模糊性。知识产权兼具债权和物权功能，但与

① 郝一丁．权利冲突中法定权利边界模糊问题的解决［J］．南都学刊：人文社会科学学报，2006（6）：91.

债权和物权又有着严格区分，它既不具备债权和债权之间那种精确的界限，也不具备物权与物权之间因为有形而带来的物理边界。这种模糊性导致知识产权一方面容易被其他财产权利侵犯，另一方面又容易因为行使不当而侵占其他财产权利。知识产权边界的模糊性，要求立法者和政策制定者在制定法律或出台政策时，应充分考虑利益之间的平衡，从而给予知识产权合适的保护强度和保护范围。①

二、权利边界界定的普遍原则

每个人在行使自己的权利时必须充分尊重他人的权利。通过界定权利界限，一方面要明确公民与公民之间权利运行的边界，另一方面也要明确公民私权利和国家公共利益运行的边界。只有在法治的框架下很好地协调公民之间以及公民与国家之间权利的冲突，才能实现私权与私权、私权与公权之间的和谐共处和平衡发展。由于权利边界的模糊性，其没有一个清晰的界限，而现实又要求我们不得不考虑权利的边界。知识产权首先是一种民事权利，在界定知识产权权利边界时，必须遵从权利边界界定的普遍原则。

（一）公共利益原则

特定权利的外部边界以公共利益原则为重要划分标准。外部边界用于理清外部边界的权利冲突，而这种冲突往往与公共利益有着紧密关联。所谓公共利益原则，是指公民权的行使不能造成对社会公共利益的侵害，并要顾及社会公共利益。我国《宪法》在第二章“公民的基本权利和义务”第五十一条中明确规定，公民行使权利，不得损害国家的、社会的、集体的利益和其他公民的合法权利。我国《民法通则》第七条规定，“民事活动应当尊重社会公德，不得损害社会公共利益，扰乱社会经济秩序”。每项权利的行使，都不得损害国家的、社会的、集体的以及他人的利益，也不得违反公序良俗和社会公德。每个个体的个人都拥有法律赋予的权

① 王闯．知识产权的权利边界与裁判方法［J］．人民司法，2016（22）：45.

利，但每个个人都是一个社会人，应追求自身权利实现与社会公共利益实现的双赢。从这个意义上说，权利是一个关系范畴。作为关系范畴的权利正如其他任何事物一样，也是有限度的，不是随心所欲的。①

尊重公共利益是知识产权的固有属性。从一定角度看，知识产权权利人在行使权利时，不能限制他人对知识产品的合理使用，并获得利益，这是知识产权权利人的法定义务。从权利和义务的相对性出发，知识产权权利人的这种法定义务，反过来就是他人对于知识产品的权利。知识产权法自诞生以来，逐渐形成和发展了以促进科技文化创新、推动经济社会发展等公共利益为目的和原则的惯例。无论在哪个国家，在创制和发展知识产权法的过程中，都充分重视知识产权对于推动国家经济社会发展的重要作用，并充分发挥知识产权的工具作用。② 随着时代和经济的发展，知识产权在国际法区域内的授权与运用成为必然，尤其是发展中国家在国际贸易和其他基本人权上的保障，更加需要呼唤公共利益原则的归位。

（二）公平原则

所谓公平原则，是指法律面前人人平等，法律、法规对知识产权的规范和约束应符合正义的要求，其结果是能够带来对知识产品的公平分配，知识产权权利人之间有着公平的竞争环境。竞争的公平价值根植于优胜劣汰这一市场竞争基本法则过程中，要求竞争的规则公平和竞争的过程公平。确保竞争公平，就必须要考虑保护竞争状态和规制竞争规则，使竞争不是简单的优胜劣汰，而是成为公平的利益分配机制。

公平原则要求每个权利人在行使权利时都要秉持正义原则和公平观念，不得侵害他人的利益和社会的利益，发生纠纷时，也要关注冲突各方利益的平衡。公平原则还要求在各种经济往来和社会活动中，每个权利人都要遵守既定的交易规则，遵循权利义务一致原

① 孙春华．权利边界论［D］．重庆：西南政法大学，2008：22.

② 严永和，甘雪玲．知识产权法公共利益原则的历史传统与当代命运［J］．知识产权，2012（9）：13.

则，平等地享受权利，平等地履行义务。权利和权利之间是没有等级差别的，权利享有和权利行使都必须得到平等的保护。当权利冲突发生时，判断权利各方的对错，造成损失的多少，具体应该承担多少责任，都应秉持公平原则具体问题具体分析。① 虽然在宪法和国家基本法律中，有所谓基本权利的表述，但该种表述只是就一个公民所享有的权利而言的，有基本权利和一般权利。但当不同权利人之间的基本权利发生冲突时，同样必须遵循公平的处理原则，所有人都应该具有某些平等的权利，法律应以同样的方式来对待主体权利。“不能以法律的效力等级决定权利的大小。同样，也不能以权利的社会作用和社会意义来决定权利本身的地位。”也就是说，不能差别对待，在具体的事件中，权利人都是特定的，不可能存在一个权利人的权利价值高于另外一个权利人的权利价值，否则就形成了特权阶层，从而与所倡导的且追求的法律面前人人平等的精神背道而驰。

秉持公平原则，能够有序安排不同知识产权利益之间的结构。就知识产权权利人和社会公众所拥有的知识产权权益而言，若想实现利益双赢，也应当运用公平原则，从正义视角确定私权与私权之间、私权和公权之间的合理安排。知识产权法和其他民事法律一样，都必须对不同的利益、利益关系和利益主体进行规范，由此同样设置了多层次、多主体的权利义务关系。知识产权权利人本身有对应的义务，知识产权权利人相对于其他知识产权使用人也有对应的权利义务，对应的权利义务都是平等的，这是知识产权法应有的精神。从知识产权权利人的角度出发，知识产权法必须更多地保护和鼓励发明创造和精神著述；而从国家发展和社会公众利益的实现来看，在保护知识产权权利人的同时，也要着眼于满足国家发展和公众需求对于知识产品的使用。

（三）诚实信用原则

诚实信用原则是民法的一项基本原则，还被很多学者称为帝王原则。诚实信用原则在所有民事活动中得到遵循。随着经济社会和

① 刘作翔．权利冲突的几个理论问题［J］．中国法学，2002（2）：66.

法律理论的发展，诚实信用原则也越来越多地体现在权利运用领域。按照私法和公法的两分法，诚实信用原则作为基本原则被越来越多地适用和写入私法，也不断在公法领域得到运用。反映在私法领域，如《民法通则》第四条规定，“民事活动应当遵循自愿、公平、等价有偿、诚实信用的原则”；《合同法》第六条规定，“当事人行使权利、履行义务应当遵循诚实信用原则”；《公司法》第五条规定，“公司从事经营活动，必须遵守法律、行政法规，遵守社会公德、商业道德，诚实守信，接受政府和社会公众的监督，承担社会责任”；在其他诸如调整物权、债权、民事关系、商事关系、经济关系的私法中也得到普遍适用。反映在公法领域，配置和调整国家公权力之间，国家公权力和公民私权利之间的各种法律规范，也蕴含着诚实信用原则。史尚宽先生曾说，“诚信原则不仅是民法的基本原则，而且是适用于一切其他法律部门的原则”①。知识产权权利人在运用知识产权追求自身权益时，也必须遵循善意、信用的准则，秉持诚实信用原则，恪守权利边界，既不损害他人利益，也不影响社会公益，实现自身利益与他人利益以及公共利益之间关系的平衡，推进和谐社会建设。

诚实信用原则亦是裁决知识产权权利冲突及权利滥用的重要原则之一。知识产权权利冲突是指两个及两个以上知识产权之间为了保护同一个权利客体而产生的利益冲突。先后的著作权和著作权会产生冲突，商标权和商标权会产生冲突，专利权和专利权会产生冲突，著作权、专利权、商标权之间也存在冲突的情形。从广义的角度看，知识产权与其他民事权利之间的矛盾，也视作知识产权权利冲突。裁决知识产权权利冲突，不能仅仅依靠保护在先权利原则，还需要运用诚实信用原则。比如，在知识产权法领域有很大影响力、闹得沸沸扬扬的王老吉与加多宝系列知识产权案中，主审法官在判决中就采用了诚实信用原则去判断原被告双方的行为。从价值原点来看，诚实信用原则作为一种补充性规则，虽然具有弹性，但

---

① 徐飞．诚实信用原则在知识产权保护中的适用［J］．中国外资，2011（16）：177.

却越来越大地发挥着弥补成文法不足的作用。知识产权法源自于经济社会的不断发展和技术的不断更新，也是技术和市场经济持续发展所需的外部条件之一。经济不断向前发展，一方面是得益于不断进步的科技的贡献，经济反过来又推动科技进步，在相伴相生的过程中，需要知识产权制度加以助力。知识产权对象及其范围越来越广，其变化越来越快，法官面对知识产权权利冲突及权利滥用相关的具体案件时，很有可能会面临“无法可依”的情况，因此拿出诚实信用原则这一利器准确衡量和判断冲突的“前因后果”，从而止住“剪不断理还乱”的纷争。另外，即使明确有裁判依据时，司法裁判者也要注重运用诚实信用原则，避免判决结果产生明显不公，或者让社会公众明显误会。①

三、权利边界界定的特殊原则

（一）合理限制原则

合理限制原则是指每项权利及其行使都存在合理的限制。权利人在权利行使过程中要遵循法律赋予该项权利本来的要义，要在法律规定的权利边界内追求利益。通过确定和运用合理限制原则，在经济往来中、在司法裁判中，具体的当事人和司法裁判者能够通过分析具体的历史背景、往来要素等情况，判断权利的行使有无超出其既定边界。一般来说，可以从以下四个方面来判断权利行使是否违背合理限制原则。一是看权利人主体能力，考察其本身是否享有某种权利，并从年龄和精神因素等来判断他是否具备相应的民事行为能力。二是看权利人主观动机，考察其基于什么目的去主动行使权利，其目的最终指向是什么。三是看权利人对权利的行使是否在主观意图内，考察主观与行为的对应性是否遵循其内心安排。四是看权利人行使权利的行为有没有超越法律，是否僭越权利内部边界和外部边界的限定，有无侵犯他人的、社会的和国家的利益。

知识产权制度有着两种既相互对立又相互统一的价值观念。从

① 徐飞．诚实信用原则在知识产权保护中的适用［J］．中国外资，2011（16）：178.

法理学角度看，知识产权制度要求顾及公共利益和社会价值；从经济学角度看，知识产权制度会更多地追求个人价值和市场利益。一方面，知识产权制度致力于让权利人能够通过更多更好的知识产品去追求更多的经济财富；另一方面，知识产权制度也致力于促进知识共享，并推动人类进步和社会发展。两者的目的并存体现了合理限制原则。在对知识产权设定保护的同时设定一定的合理限制，既能满足权利人的利益追求，又能满足社会利益。换句话说，知识产权制度中对权利人设定的限制，更多的是为了实现社会公益而制定的条款。秉持合理限制原则在保护知识生产者的利益从而促进知识成果不断涌现的同时，也能推动知识的不断传播和反复利用，做到权利人私权与社会公共利益之间的平衡。①

（二）权利衡平原则

权利衡平原则是指为了将产生冲突的知识产权权利人遭受的损害降低到最低程度，使得各自的权利和利益都得到法律保护，而不得不采取平衡利益的手段，从而让冲突的权利主体都能最大限度地实现自身想要的效果。每个具体的个人更多的是“理性人”和“经济人”。在从事各项民事活动中，会更多地追求效用最大化或利益最大化，以满足自身更大的欲望，由此在不同的权利人之间不可避免地会产生冲突。当不同的知识产权权利人发生冲突时，不论是调解还是裁判，居中断案者都应本着平等保护的原则，在知识产权制度框架下，选择合理的方式来平衡冲突各方的权利，从而避免产生权利人本不用承担也不想承担的损害。

知识产权制度的出发点是多方面的，不仅仅保护权利人的利益，同时也注重满足经济社会发展的需要，由此决定了知识产权制度与一个国家其他制度紧密相关。知识产权还具有以下四个普遍特性，且由此决定了利益衡平原则的适用。第一，知识产权具有抽象性。知识产权是无形的，并不依附于特定的物质。从另外一个角度看，社会公众因为知识产权的抽象性，也有可能无意侵犯了他人的

① 曹静仁．数字图书馆与知识产权的冲突与协调［J］．现代情报，2010，30（6）：35-36.

知识产权。知识产权制度针对此种情形，设置了合理使用条款，允许一定条件下和一定范围内的他用。第二，知识产权具有创造性。创造能产生巨大的价值，科技是国家最重要的生产力。保护了创造，就是保护了国家可持续发展的关键。知识产权制度在设定时既要考虑对权利人的私权保护，也会明确促进科技进步和知识共享的责任。第三，知识产权具有垄断性。知识产权的垄断是一种相对垄断，只是赋予了知识产权权利人一定时空内的专有使用权。但此专有使用权是对权利人创造的鼓励和肯定，知识产权制度保护专有使用权就是保护权利人追求应有的可期待利益，不受无理和非法的干扰。第四，知识产权具有地域性。不同国家保护的知识产权仅限于其领土范围内。同一个知识产权在某国获得保护，又想在他国受到保护时，必须经过他国法律规定的程序申请保护。如此，同一个知识产权在不同国家间也会经常发生冲突，既可能因为该权利未申请保护，也可能因为法律规定和法律背景的不同而造成适用差异。当前比较普遍的跨境知识产权冲突，更多源于不同国家对同一知识产权保护程度的不同。保护程度低的国家，容易造成对保护程度高的国家的知识产权的侵害。①

四、权利边界的界定方法

（一）有形载体是知识产权权利边界界定的基本手段

无形的知识产品借助其有形载体可以在一定程度上界定相应知识产权的权利边界。② 知识产品虽然是抽象的，但抽象往往通过有形载体予以具体化了。有形载体是知识产权客体的体现或者说表现形式。举个例子说，文字作品是知识产权的客体，但是需要通过载体——书本、电子介质予以呈现。当知识产权通过有形载体具体化后，往往能够被外界和公众所知，从而有利于外界和公众认识知识

① 李亚虹．知识产权的边界与利益平衡［J］．法治研究，2014（10）：35-36.

② 吴民许．试论知识产权权利边界的确定方法［J］．科技与法律，2009（3）：93.

产权的边界。当前学术界对知识产品是有形无形或者有体无体还存在一定的分歧，但即使是无形也可以通过一定的载体再现的观点已经得到了普遍的认同，即知识产权在一定情况下可以定义为无体有形物。① 所谓无体，是指知识产品的本质是抽象的，在自然空间里并不能直接探寻其物理形式；所谓有形，是指知识产品的无体可以转化为一定的物理方式。另外，即使知识产权的本质类似于抽象，但法律规范本身也无法定义抽象和保护抽象，而只能规范具体化过后的抽象。正是这种有形的具体载体，为知识产权制度确定其权利边界提供了固定的参照。比如，专利发明之间的边界更多地要依靠说明书和权利要求书的具体描述，录音、录像记录可以确定一个表演作品的所有者，能够明晰识别的文字或图案及其组合可以用来清楚地展现商标的具体内容。② 界定知识产权的权利边界，在很大程度上需要依靠有形化的知识产品。

以著作权权利边界的界定为例。自动取得主义原则的运用必须以著作权作品为前提。著作权人对自身著作权的主张，必须将自身的思想转化为白纸黑字的作品。作品一经完成，创作人就自动取得了著作权，也就自动对外予以了公示。作品中具体文字的表达、语句的构成是确认一项著作权区别于他项著作权的关键。不同的表达，复杂之于简单，或者编排不同，都会给予公众于不同的阅读享受。但如果仅仅是口头表达，而没有有形记录，在发生权利纠纷时，裁判者显然无法支持权利人的主张。只有在先的表达和著述形成了具体物，对外公开发表形成了公示效应，权利人才能有效举证证明自己的主张，裁判者才能运用自动取得主义保护权利人的利益。

（二）登记制度是权利边界确定的关键手段

在知识产权权利边界确定过程中，还有很多问题无法依靠有形载体加以解决。换句话说，有形载体只能解决知识产权权利边界界定中的基本问题。知识产品与其有形载体之间有着严格的区分。单

① 郑成思．知识产权论［M］．北京：法律出版社，2001：79-82.

② 刘春田．知识产权的对象［G］//中国知识产权评论：第一卷．北京：商务印书馆，2002：128-130.

纯依靠有形载体并不能准确定义知识产品的边界。有形载体出现后，无体物有了依靠，知识产权权利边界界定有了基本凭借，但关键还是依靠公示制度。权利公示可以较为清晰地界定知识产权的权利边界。① 知识产权的内容、范围要通过完整的公示加以明确，其产生、变动和消灭也都可以在公示中找到依据。不同的知识产权的公示方法并不相同，著作权适用自动取得原则，而商标权和专利权都要采取登记的公示方式。依法依规的登记，记载了知识产权的内部边界和外部边界，能够克服知识产权因无形而可能带来的各种纠纷。

登记制度将知识产权的边界通过明确的表述予以固定，化无形为有形，化主观为客观，只能意会不能言传的抽象转化成了为全世界所周知的具体。作为一种法定方式，登记制度具有约束力和强制力，某项登记明确表述了权利的归属，同时也展示了权利的内涵和外延，形成了权利的边界。边界确定之后，权利人对知识产权的主张得以彰显，他人凭借臆想或者故意为之的侵权，都能找到明确的裁断依据，能有效保护权利人的创作。

现代登记制度的价值主要体现在两个方面。一方面，登记意味着权利范围的确定。如若未登记，一项知识产品虽可能已经广泛传播，但其内涵和外延往往模糊，可能导致不同的权利人会通过“挂羊头卖狗肉”的方式谋取利益，不断带来纷争。但一旦登记，权利的内涵和外延便会清晰，如同土地的“四至”，框住了权利的内容。发生纷争后，裁判者依靠登记文件，就可以一目了然地判断已经登记的知识产权的边界，而无需做过多的自由心证，无需过多纠缠于隐藏在后的财产本质。自从登记制度确立并运用后，确定知识产权的本质及其边界就成了一个轻松的工作，而且结果往往能让人信服。② 专利权的确认可以为登记制度的这一价值提供典型例证。在过去，创造者的发明创造往往要经过提

---

① 吴民许．试论知识产权权利边界的确定方法［J］．科技与法律，2009（3）：94．

② 布拉德·谢尔曼，莱昂内尔·本特利．现代知识产权法的演进：英国的历程（1760—1911）［M］．北京：北京大学出版社，2006：5．

炼才能得以准确表述，并最终提供确认专利权的标准。现在，登记机关还可以具体以发明创造的利用价值，即创造者希冀的保护对象和权利要求来确定一项专利的内容。而且，登记机关对创造者的主张不做干预，专利权的范围往往根据申请人的主张而确定。另一方面，登记还意味着权利人的确定。登记制度的产生和运用，也反映了知识产权的确认从过去的注重本质，转变为现在的注重形式。登记制度的实质是准确、全面地描述了知识产品及其归属者。在对具体的权利申请进行登记时，除了要具体描述权利的内涵和外延外，还必须依据申请文件上的所有者名字确认权利人。对于权利人的确认，实际上就权利本身向外部世界宣示了该项权利的所有者。登记之后，知识产权权利人便可以对抗他人对名下知识产权无理的使用，并可以通过运用权利去创造财富，同时得到知识产权制度的保护。

（三）特殊知识产权权利边界的确定方法

并不是所有知识产权都能够通过公示制度确定边界。① 未公开信息，诸如商业秘密等特殊信息，因为不能公开，且凭借秘密性独享超额经济利益，构成了公示制度的例外。② 换句话说，不能因为没有公开，而对这些特殊的不公开信息不加以保护。未公开信息之所以特殊，是因为其价值就在于秘密性和特有性，其只能是所有者自己掌握利用，并通过口口或者手手的方式相传。秘密信息的所有者在经济交往和传承中，都会采取各种手段去避免秘密信息的暴露。这种秘密信息，典型的有各种饮料的配方，如王老吉凉茶、美国可口可乐的配方等。对于云南白药配方这种民族的秘密信息还受到国家的充分保护，显然也是不能通过公开去界定边界。③ 因为不公开，国家对秘密信息的保护往往只有侵权保护这一种手段。权利

① 吴民许．试论知识产权权利边界的确定方法［J］．科技与法律，2009（3）：94.

② 郑成思．知识产权法［M］．北京：法律出版社，2003：397.

③ 王晔．试论公示公信原则与知识产权保护［J］．知识产权，2001（5）：19-22.

的所有者可以在知晓侵权行为发生并造成相应损失后，提出相应诉求，司法裁判者往往会在查明情况后，对权利人的损失赔偿给予支持，但往往也不会涉及无法涉及权利之本身的内容及范围。另外，除侵权保护这一手段外，国家还制定反不正当竞争法等经济法，反向确定不公开信息的权利边界。①

第二节　权利边界与侵权的认定

一、知识产权侵权行为的构成要件

侵权行为是不法侵害他人财产或人身权利的行为。我国自2010年7月1日起施行的《侵权责任法》第二条规定："侵害民事权益，应当依照本法承担侵权责任。本法所称民事权益，包括生命权……著作权、专利权、商标专用权……人身、财产权益。"第六条规定："行为人因过错侵害他人民事权益，应当承担侵权责任。根据法律规定推定行为人有过错，行为人不能证明自己没有过错的，应当承担侵权责任。"第七条规定："行为人损害他人民事权益，不论行为人有无过错，法律规定应当承担侵权责任的，依照其规定。"

知识产权侵权行为与知识产权侵权责任是两个完全不同的概念，两者在时间程序上和构成要件上均有不同。在时间程序上，有了侵权行为，才能通过认定侵权行为进而分析判断侵权人应该承担怎样的民事责任。按照《侵权责任法》第十五条，承担侵权责任的方式包括停止侵害、排除妨碍、消除危险、返还财产、恢复原状、赔偿损失、赔礼道歉和消除影响、恢复名誉等八种。在构成要件上，知识产权侵权行为只要求是有违法行为，而不以有损害后果和行为人有过错，而知识产权侵权责任的构成要件则包括违法行为、损害后果、行为人过错、违法行为和损害后果之间的因果

① 吴民许．试论知识产权权利边界的确定方法［J］．科技与法律，2009（3）：95.

关系。

（一）侵权行为不以损害后果为要件

所谓损害后果，是指权利人的财产或人身实际遭受的损害。知识产权侵权的损害后果包括财产损失和精神痛苦两种。关于侵权行为与损害后果，我国知识产权法体系中的各个法律都有明确的规定。比如《专利法》第十一条第一款规定："发明和实用新型专利权被授予后，除本法另有规定的以外，任何单位或者个人未经专利权人许可，都不得实施其专利，即不得为生产经营目的制造、使用、许诺销售、销售、进口其专利产品，或者使用其专利方法以及使用、许诺销售、销售、进口依照该专利方法直接获得的产品。"此规定说明，只要实施了上述行为，则构成了侵权，至于损害后果在所不论。又比如《著作权法》第四十六条规定："电视台播放他人的电影作品和以类似摄制电影的方法创作的作品、录像制品，应当取得制片者或者录像制作者许可，并支付报酬；播放他人的录像制品，还应当取得著作权人许可，并支付报酬。"此规定也说明，未经著作权人许可播放他人作品，就构成侵权。至于侵权行为是否造成了损害后果，则要视具体的情况而定。上述法律规定都明确表明，知识产权侵权行为在先，损害后果在后，认定知识产权侵权行为不需要以损害后果为前提。

（二）侵权行为不以行为人过错为要件

不同的学者对侵权行为是否适用过错责任原则有着不同的理解，并存在不同的主张。有人认为，侵犯知识产权的行为是侵权行为的一种，所以应该适用过错责任原则，但我国《侵权责任法》对侵权行为的认定并不是以过错责任为唯一条件，没有过错的也有可能承担侵权责任，这种主张显然不够严谨。纵观我国知识产权法的具体条文，可以得出结论，我国的知识产权侵权行为认定并不以过错责任为条件。比如《专利法》第七十条规定："为生产经营目的使用、许诺销售或者销售不知道是未经专利权人许可而制造并售出的专利侵权产品，能证明该产品合法来源的，不承担赔偿责任。"从这条规定来看，因为是善意使用，所以不用承担赔偿责任，但仍然构成侵权。①

综上所述，知识产权侵权行为的构成要件只有一个，即行为的违法性。知识产权侵权行为既不以行为人过错为必然要件，也不以损害后果为必然要件。

二、知识产权侵权行为的认定

前已述及，认定行使知识产权的行为是否侵权，只需要去判断行使权利的行为是否违法。而判断行为是否违法，是看在没有违法阻却事由的情况下，行为人的行为是否触犯了知识产权法的相关条文，构成了对他人权利的侵害。更具体地说，就是行为人行使权利的行为越过了他人享有的知识产权的权利边界，且不构成违法阻却事由。所谓违法阻却性事由，是指阻断了行为违法性的构成要件的事由。

认定知识产权侵权行为是确定知识产权侵权责任的前提。知识产权侵权行为被认定后，才能判断侵权人是否要承担侵权责任，承担怎样的侵权责任。侵权责任包括停止侵害、排除妨碍、消除危险、返还财产、恢复原状、赔偿损失、赔礼道歉和消除影响、恢复名誉等八种。不同的知识产权侵权行为，其侵权责任也不同。知识产权侵权行为如果满足了四要素，即在行为违法之外，行为人确实存在过错，并造成了损害后果，而且行为人的违法行为与损害后果之间存在因果关系，那么行为人需要承担损害赔偿责任；如果行为人的侵权行为还在继续，损害后果没有形成，那么行为人需要停止侵害、排除妨碍；如果行为人的行为虽然构成了侵权，但基于善意取得了不当得利，那么行为人需要返还财产。

判断一项发明或者实用新型是否侵权，其判断依据可以遵循《专利法》。运用了发明或实用新型的日常用品，由于需要满足不同的使用需求，会存在各种各样的形状，外观设计更是五花八门。如何认定一种行为是否侵犯了他人的外观设计，对于当事人和裁判

① 庞晓曦．试论知识产权的侵权认定［J］．法制与社会，2011（7）：111.

者来说都是一项艰巨的任务。比较被诉产品与专利产品的突破口有很多，需要综合运用、综合突破，比如颜色有无差异，造型是否存在区别，款式是否不同，外观上的图形设计有无独特之处，等等，都要全面予以分析判断。其判断依据是专利产品的专利文件。

另外，对于外观设计的认定和判断存在例外。我国法律明确规定，外观专利的申请不包括用以提升产品美感的外观设计。如若某个行为人在生产同类产品时，从提高审美的角度变更了产品的外观设计，并不构成侵权。但是，如果一项产品已经申请了专利，其外观设计得到了法律保护，当其他产品的外观设计存在模仿或类似情况时，就可能构成侵权。相同类型的产品，其在市场上的卖点往往就是所用材料的细微差别，或者颜色的稍微改变，抑或是稍显讨巧的设计，由此容易被他人模仿，从而构成侵权。因此，在当下的产品市场中，各个生产商的知识产权意识不断提高，对外观设计独特性的追求不断涌现，相关的专利也层出不穷，其目的是追求更大的利益。①

三、权利边界之于侵权认定的意义

权利边界为侵权认定提供标准。前已述及，权利边界包括内部边界和外部边界。知识产权的客体和内涵构成了知识产权的内部边界，知识产权与其他权利的效力范围勾画出了知识产权的外部边界。判断一项行为是否侵犯了他人的知识产权，是否具有行为违法性，其重要的判断内容就是是否越过了他人知识产权的权利边界。

首先，权利边界确定了侵权的客体。权利边界确定了一项知识产权的实质内容。判断一项行为是否侵权，关键看是否侵犯了他项知识产权的客体。比如判断一项发明是否侵权，要以技术方案为核心对比指标，看新的技术方案是否与已有的发明专利的客体即技术特征一一对应且相同。

其次，权利边界确定了侵权的范围。权利边界确定了一项权利

---

① 庞晓曦．试论知识产权的侵权认定［J］．法制与社会，2011（7）：111.

的具体范围和外延，是一项权利行使时可以行至的框界。确定知识产权侵权，当是逾越了知识产权的权利边界，并触及了知识产权的权利内涵。如《专利法》第十一条明确规定，“任何单位或者个人未经专利权人许可，都不得实施其专利，即不得为生产经营目的制造、使用、许诺销售、销售、进口其专利产品……”他人使用有一个前提是以“生产经营目的”才侵权，而用于科学研究是不侵权的。此种情形下，生产经营目的构成了侵权的范围，而科学研究在范围之外。另外，保护年限也是作为“范围”的要素之一。按《专利法》第四十二条的规定，发明专利权的保护期限自申请日起计算为二十年，实用新型专利权以及外观设计专利权的保护期限自申请日起计算为十年。如果因为期限届满，或者未缴付年费，又或者主动放弃了专有保护权，法律都将不再对专利权进行保护。

再次，权利边界确定了侵权的效果。权利的外部边界是衡量权利与权利之间、权利和社会公共利益之间冲突的标准。权利边界从正面看是保护知识产权权利人的利益，明确限制他人对知识产权的主张和使用；从反面看能够明确指引权利行使的范围，即行使知识产权时同样不能妨碍别人行使权利，防止权利滥用后导致侵权。当前，大量案件在法规中有相关规定，但是出现了侵权发生却无法认定的现象，此时可以引入权利边界加以厘清。

第三节 权利边界对权利滥用的限制

一、权利滥用的概念

权利滥用也称滥用权利，意指任意、无限制地或过度地使用权利。知识产权权利滥用，是指知识产权权利人超越了知识产权法律法规的规定，超越了权利边界或者不按照法定程序行使权利，从而损害了他人利益或社会公共利益，以及限制或者排除正常竞争的行为。根据理论界和实践中得出的普遍观点，知识产权权利滥用一般分为两类。第一类是纯粹的权利滥用，即知识产权权利人超越知识产权法律法规规定，不正当行使权利，损害了他人利益或公共利益。这类权利滥用行为并不等同于知识产权侵权行为。其中的不正当行使权利又包括两种情形，一是行使了本不属于自身的知识产权，二是没有按照法定程序行使知识产权。第二类是知识产权权利人的行为违反了知识产权法律法规规定，限制或排除了正常竞争。这类知识产权权利滥用实质上就是《专利法》和《反垄断法》中规定的垄断行为。按《专利法》第四十八条第二项的规定精神，如果专利权人行使专利权的行为构成了垄断，国务院专利部门为了促进正常竞争，可以将专利强制许可给申请单位或个人实施。我国《反垄断法》第五十五条规定，经营者滥用知识产权，排除、限制竞争的行为，适用《反垄断法》的规定。从我国相关法律的立法精神可以看出，知识产权权利滥用当然包括了权利人滥用权利，导致排除或者限制正常竞争的行为。

二、权利滥用的性质

知识产权权利既有静态的，也有动态的。静态的知识产权权利是指被权利人控制，归属权利人，但未被主动行使的权利。静态的知识产权权利由于人的主观意志尚未发挥作用，因而总是循规蹈矩。动态的知识产权权利则是指权利人为了追求利益，主动将知识产权运用于生产生活中，此运用中的权利就是动态的。由于权利人的意志有对权利的识别和能动作用，所以知识产权人在运用权利的过程中有突破知识产权界限的可能，产生知识产权滥用问题。知识产权是一种民事权利，是私权，与其他任何权利一样，知识产权也存在被滥用的可能。禁止知识产权滥用原则从衡平法上“不洁之手”理论之抗辩规则发展而来①，它禁止权利人以其享有的知识产权为手段来获取知识产权法未赋予的其他排他性权利。②

权利滥用也可以概括为权利人在行使权利时超过了权利的边界。前已述及，知识产权权利滥用包括两种：一种是行使权利超越

① See Microsoft Co. v. Computer Support Services of Carolina, Inc. and Don Perera, 123 F. Supp. 2d 945, 955 (2000).

② See 911 F. 2d 970, 977-979 (4th Cir. 1990).

了权利边界，对他人利益或社会公益造成了损害；另一种是排除或限制竞争的不正当行使知识产权的行为。从构成要件上分析，同时满足四个条件才能称为知识产权权利滥用。一是滥用主体是享有知识产权的权利人本身。权利人本来拥有知识产权，只是在行使知识产权时，超过了权利边界，或违反了法定程序，才构成权利滥用。这里的滥用与本无知识产权却行使他人知识产权构成侵权的行为有着本质区别，即以是否拥有知识产权为前提。也就是说，滥用权利的前提是享有权利，而侵犯权利的前提是不享有权利。对于滥用权利人来说，他首先是合法的权利人，只是在行使权利的过程中超越了权利边界或者违反了法定程序，变成了滥用或者违法。二是知识产权滥用的客体是他人利益和社会公共利益。权利关系是不同群体利益关系的法律表现，损害任何法定权利都将打破符合立法者要求的利益平衡。也就说，权利滥用的结果是侵犯了他人利益和社会公益。三是权利人滥用权利必须是出于故意，而不是过失。这种故意甚至有损人利己的出发点或者倾向。对于滥用权利的权利人来说，之前将知识产权向国家申请了保护，他明知自身享有的权利的边界已经通过申请书载明并予以公示，在行使权利的过程中，无论是为了追求更大的经济利益，还是单纯出于损害他人利益的目的，权利人超出权利边界或者不按照法定程序行使权利显然都是有意为之，而不存在过失问题。四是滥用行为本身会造成侵害他人利益或社会公益的后果。这种行为包括几种情形：权利行使行为超过法定程度、以不正当方式维护自己利益的行为、行使权利时牺牲他人权利的行为、行使权利时损害他人利益的行为等。

知识产权权利滥用行为与一般知识产权侵权行为有着严格区别。这主要体现在：第一，构成知识产权滥用，须有正当知识产权存在，且属知识产权权利行使或与权利行使有关的行为；而一般知识产权侵权行为事先并无正当知识产权存在而损害他人。换句话说，知识产权侵权行为本质上并不属于行使知识产权权利的行为。第二，之所以把滥用知识产权权利行为规定为违法，并加以禁止，在于对知识产权予以规制，通过对知识产权滥用的禁止或制裁以维护社会公共利益或他人利益；而认定和规制一般知识产权侵权行为更多的是对知识产权权利人实施保护，救济知识产权权利人的利益。第三，知识产权权利滥用以当事人有损害他人或社会公益者权利为要件，在行使知识产权时仅仅因为过失造成他人或社会公共利益损害的，尚不构成知识产权滥用；而一般知识产权侵权行为不以故意为要件，如因过失侵害知识产权人合法权益亦可构成侵权。

三、权利边界对权利滥用的限制

保护知识产权权利人的权利与制止知识产权权利人滥用权利，看似矛盾实则统一。表现在两方面。为更好地鼓励知识创造，国家一方面要加强对知识产权权利人的保护，另一方面也要为创造公平的竞争环境拓展空间，遏制权利的滥用。2008 年国务院通过并实施的《国家知识产权战略纲要》明确提出，为切实提升我国知识产权的创造、运用、保护和管理能力，在加强知识产权权利保护的同时，要合理界定知识产权的界限，防止知识产权滥用，维护公平竞争的市场秩序和民众合法权益。最高人民法院在长时间的知识产权审判实践中也总结出了禁止知识产权权利滥用的经验，在 2007 年 1 月印发了《关于全面加强知识产权审判工作为建设创新型国家提供司法保障的意见》，明确提出要防止知识产权滥用，并建立了相应的诉讼制度。最高人民法院要求，要准确界定知识产权权利人和社会公众的权利界限，在案件审理中要依法审查和支持当事人的在先权、先用权、公知技术、禁止反悔、合理使用、正当使用等抗辩事由；要通过依法认定限制研发、强制回授、阻碍实施、搭售、限购和禁止有效性质疑等技术合同无效事由，切实制止非法垄断技术、妨碍技术进步的行为，维护技术市场的公平竞争；要不断完善确认不侵权诉讼和滥诉反赔制度，防止权利人滥用侵权警告和滥用诉权。①

判断权利人行使知识产权的行为是否构成滥用，关键要看权利人的行为是否超出了知识产权的边界。具体来说，首先，知识产权

---

① 《最高人民法院关于全面加强知识产权审判工作为建设创新型国家提供司法保障的意见》（2007 年 1 月 11 日印发，法发［2007］1 号）。

的内部边界由具体立法规定的权利内容和对权利的限制使知识产权权利边界清晰，超出这种法定内容规定的权利边界就可判断为权利滥用。其次，知识产权权利的外部边界可以从知识产权立法的宗旨和目的中寻找依据，该宗旨和目的划定了知识产权的外部边界。① 国家通过立法和司法实践保护知识产权，一方面是平等保护权利人的权利，另一方面也要为国家经济社会发展保驾护航。平等保护知识产权权利人的权利，给予知识产权权利人以合法垄断权，是为了实现知识产权法立法的一元目的，但是如果知识产权权利人实施这种合法垄断权时侵害他人、公众合法利益甚至威胁到技术创新与科技发展、普及时，就可能构成知识产权的权利滥用。鼓励发明创造，支持科技创新，为国家经济社会发展提供不竭动力，则是知识产权法立法的二元目的。② 规制知识产权权利滥用的目的是为了促进社会进步。如果知识产权权利人对知识产权恶意拒绝许可，导致阻碍了技术标准整体的提高，延误了社会进步，就构成了权利滥用，应该受到法律的调整。③

知识产权权利边界理论界定了一项知识产权具体的内涵和外延，能够为知识产权权利滥用的判断和认定提供依据。知识产权权利滥用行为不仅包含反垄断法调整的行为，还包含一些反垄断法、反不正当竞争法与知识产权法本身也无相关规定的行为。在判断和认定这些行为遇到困难时，就可以运用知识产权权利边界理论，结合知识产权立法的宗旨和目的，综合判断行为是否存在对国家、社会和他人合理期待的阻碍，如果阻碍成立，即构成对知识产权的滥用。

---

① 孙南申，胡荻．论工业品知识产权的法律边界［J］．国际商务研究，2016（1）：21.

② 冯晓青．试论以利益平衡理论为基础的知识产权制度［J］．江苏社会科学，2004（1）：215.

③ 叶明，吴太轩．技术标准化的反垄断法规制研究［J］．法学评论，2013（3）：48.

第四节　权利边界对权利冲突的解决

尽管法学上关于权利的本质有多种学说，但权利反映的无疑是特定的利益，权利所代表的是一种为法律所认可和保障的利益，权利冲突的本质是利益之间的冲突。① 前已述及，界定权利边界的原因既有立法滞后和立法语言的需要，也与知识产权本身的公共性、创新性和模糊性紧密相关。从另一个角度看，划定知识产权的权利边界还出于防范权利冲突的需要。权利边界不明则容易滋生权利冲突。为了解决和防范权利冲突，有必要审视权利边界界定的作用。

一、权利冲突种类与权利边界界定

权利冲突问题与权利边界问题直接相关，而权利的边界又需要通过对权利的构成与限制的分析才能确定。② 知识产权权利冲突，是指以同一对象为调整内容的两项或两项以上知识产权出现矛盾或抵触的情形。具备三项条件可以构成知识产权的权利冲突：一是冲突的权利各方以同一对象为调整内容；二是冲突的权利各方分属不同的权利人；三是冲突的权利各方都是合法产生并受合法保护。知识产权权利冲突包括内部冲突和外部冲突。内部冲突，是指专利权、著作权、商标权之间的冲突，包括两两冲突，也包括三者间的冲突；外部冲突，是指知识产权与其他民事权利以及社会公益的冲突。

从解决和防范权利冲突的角度出发，可以从以下三个方面去划定知识产权的权利边界。第一，通过权利冲突反推权利的边界。权利冲突的前提是权利人突破了权利的边界，越过了其他人权利的边界。权利边界若不清晰，权利冲突也就很难厘清责任。不仅是作为私权的权利人和权利人之间，权利人和作为公权的国家权力之间也会产生权利冲突。因此，对各个权利人和国家的权利都必须界定边

① 梁迎修．权利冲突的司法化解［J］．法学研究，2014（2）：66.

② 梁迎修．权利冲突的司法化解［J］．法学研究，2014（2）：64.

界。从另一个角度看，更多的权利冲突过后，能够更加清晰地界定权利边界。第二，通过有形权利反推权利的边界。前已述及，知识产权在很多情况下是无形有体物，且本身具有模糊性，与其他有形的债权、物权之间存在比较大的区别。不同的知识产权之间容易受到边界模糊的影响，但知识产权与其他民事权利间的冲突则会因其他民事权利的边界清晰显得容易处理。第三，通过上下位权利冲突反推权利的边界。上位法高于下位法，上位的权利优于下位的权利。不同的部门立法会产生部门法之间的冲突，其各自保护的权利且不存在优先问题。在这样的情况下，权利边界的清晰尤为重要。

知识产权内部包括著作权、商标权、专利权等多种权利，且均位于同一权利位阶，因此双方发生权利冲突时，权利就应当首先按照相关法条规定划定权利的内部边界。比如，处理专利权之间的冲突，应该按照保护在先权利的原则，保护在先申请专利的权利人的合法权益。实际上，保护在先权利的原则不仅适用于专利权，也适用于著作权、商标权等。《专利法》《最高人民法院关于审理专利纠纷案件适用法律问题的若干规定》等法律、法规、司法解释为解决外观设计专利权与其他知识产权的权利冲突提供了相应的法律依据。

知识产权外部权利冲突的处理原则与知识产权内部权利冲突的处理原则有很大的不同。外部权利冲突指的是知识产权与物权、债权等其他民事权利以及国家权力、社会公共利益间的权利冲突。解决知识产权的外部权利冲突，主要注意权利的行使是否构成对他人合法权利的侵犯，同时应遵循善意保护原则和利益平衡原则。

二、内部权利冲突与边界界定

知识产权内部权利冲突，顾名思义，就是同属知识产权的权利之间的冲突。其中有同性质的权利之间的冲突，如商标权与商标权、著作权与著作权、专利权与专利权之间的冲突；也有不同性质的权利之间的冲突，如商标权与企业名称权的摩擦、商标权与著作权的冲突等。解决和防范知识产权内部权利冲突，可以运用维护公平竞争、保护在先权利、诚实信用等三项原则，合理界定内部权利各自的权利边界，准确裁断相关当事人的纠纷，保护当事人的合法权益。

1. 维护公平竞争原则

维护公平竞争原则，是指在处理知识产权内部权利冲突时，必须着眼于营造公平竞争的市场秩序，并引用公平原则来裁定产生冲突的权利各方的行为是否出于公平竞争的原意。对知识产权的保护，必须以符合公平竞争的要求为权利的边界。知识产权法在保护知识产权权利人、其他使用者和社会公共利益时，要通过维护公平竞争的市场环境加以实现。通过打击知识产权侵权行为和不正当竞争行为，保护知识产权的合法“垄断”，才能给予知识产权权利人、其他使用者以合法的保护，也才能保障社会公共利益。因此，在拟制知识产权相关法律法规时，应当秉持维护公平竞争原则。

2. 保护在先权利原则

所谓在先权利，是指他人早先申请、早先取得并受法律保护的权利。如若在先权利的权利范围囊括了后来权利的范围，就可以对抗后来的权利登记和权利保护申请。在先权利原则已经成为知识产权法领域的一个普遍原则，世界各国的立法包括我国的立法均明确规定了该原则。我国《专利法》第二十三条、《商标法》第三十二条和第五十九条以及多个知识产权领域的司法解释①都确认了保护在先权利原则。《专利法》第二十三条规定，“授予专利权的外观设计，应当不属现有设计”；《商标法》第三十二条规定，“申请商标注册不得损害他人现有的在先权利”，这些规定都为裁断权利冲突提供了明确的依据。

3. 诚实信用原则

裁决知识产权权利冲突，必须把诚实信用原则作为保护在先权利原则的补充。诚实信用原则虽然是一种补充性规则，但却被尊为民事领域的帝王法则，具有强大的生命力，并且发挥着越来越大的

① 最高人民法院《关于审理专利纠纷案件适用法律问题的若干规定》（法释［2001］21号）第十五条、《关于审理注册商标、企业名称与在先权利冲突的民事纠纷案件若干问题的规定》（法释［2008］3号）第一条等。

作用，弥补成文法强制力的不足。实际上，诚实信用原则在知识产权法律法规体系中多次被强调。比如《商标法》第七条规定，申请注册商标和使用商标都应当遵循诚实信用原则。法官面对知识产权权利冲突相关的具体案件时，往往可以充分利用诚实信用原则，准确衡量和判断权利冲突中的各种复杂关系，理清各个当事人的得失对错。另外，司法裁判者注重运用诚实信用原则，还可以避免判决结果产生明显不公，或者让社会公众明显误会。① 比如，主审法官在王老吉与加多宝系列知识产权案的审理和裁判过程中，在考察方面就采用了诚实信用原则。

三、外部权利冲突与边界界定

知识产权外部权利冲突不同于内部权利冲突。外部权利冲突是指知识产权与其他民事权利如债权、物权之间的冲突。在广义层面，外部权利冲突还包括知识产权与国家权力以及社会公益之间的冲突。解决和防范知识产权的外部权利冲突，可以遵循合理保护原则和利益平衡原则。②

（一）合理保护原则

合理保护原则，又称善意第三人保护规则，意指处理知识产权外部权利冲突时，要保护善意第三人使用知识产权的权利。最高人民法院《关于审理侵犯专利权纠纷案件应用法律若干问题的解释（二）》在第二十五条确定了善意第三人保护规则。该条规定，如果第三人实际不知道且不应当知道使用或者销售的产品是未经专利权人许可制造的，同时又能证明所使用或者销售的产品有着合法来源，在支付合理对价的情况下，可以继续使用或者销售该专利产品。换句话说，第三人是善意的且支付了合理对价，虽然其使用知识产权产品的行为构成了知识产权外部权利冲突，实为无权方与权

① 徐飞．诚实信用原则在知识产权保护中的适用［J］．中国外资，2011（16）：178.

② 王闯．知识产权的权利边界与裁判方法［J］．人民司法，2016（22）：45-50.

利人之间的冲突，但该权利冲突并不被认定为是侵权行为，从而能受到法律的继续保护。此时的善意第三人之于知识产权权利人来说是善意物权人，在此情况下，构成了物权与知识产权之间的冲突。

确定合理保护原则的意义重大。一是可以形成对其他民事权利的合理保护。上述第二十五条规定实际上是对《专利法》第十一条的变通。如果严格按照《专利法》第十一条规定，善意第三人即使支付了合理对价，并能证明使用的知识产品来自合法途径，其也要立即停止使用该知识产品，其物权将会受到一定程度的不当侵害。二是符合正义原则。严格按照《专利法》第十一条规定判决善意第三人停止使用知识产品，不利于降低知识产品的交易成本，不利于激发知识产品市场的发展，反而会因为停止使用知识产品要排除妨碍、消除影响等增加交易成本，在公共场景下也会造成对公共利益的损害。由此，知识产权制度的正义性就会受到社会公众的质疑。三是能够与《与贸易有关的知识产权协议》态度保持一致。根据《与贸易有关的知识产权协议》第四十四条规定，善意第三人获得或预购知识产品的行为不能当然地被禁止，其中可见 TRIPS 协议是同意善意第三人购买和使用知识产品的。四是可以避免不当得利。在已知的诸多知识产权案件中，善意第三人往往在支付知识产品对价之后，还要承担知识产权侵权赔偿责任，若要继续使用知识产品，还要继续支付对价。在这些案件中，知识产权权利人往往会获得多重收益（赔偿），其中包括制造者、销售者、使用者的侵权赔偿，使用者的支付对价和继续使用费，导致判决依法支持了知识产权权利人的不当得利。

（二）利益平衡原则

利益平衡原则是知识产权法律制度的基石。实际上，知识产权法本身就是保护知识产权权利人垄断权益、他人使用权益和社会公共利益三者和平共处的权利配置和纠纷处理机制。利益平衡原则是解决和防范知识产权外部权利冲突最有用、最应坚持、最主要的原则。利益平衡原则旨在平衡知识产权权利人与使用者以及社会公共利益三者之间的利益，具体说来，利益平衡既要保持知识产权权利人之间的权利义务平衡，也要保持知识产权权利人与其他使用者之间的权利义务平衡，更要保持知识产权权利人与社会公共利益之间的权利义务平衡。其中，保持知识产权权利人与社会公共利益之间的权利义务平衡，是利益平衡原则最核心的功能。在科技发展日新月异，科学技术早已成为第一生产力的背景下，如何让知识产权更多地为国家发展服务，如何运用知识产权驱动中华民族的伟大复兴，推进“四个全面”的战略布局，实现“五位一体”的总体布局，需要更多地运用利益平衡原则，维系知识产权权利人和社会公共利益间的动态平衡。在法律拟制和政策制定过程中，利益平衡原则也得到了充分体现，包括权利法定、合理使用、强制许可等制度，目的都是为了防止知识产权权利的垄断性导致损害社会公共利益。

本 章 小 结

本章首先提出了知识产权权利边界理论的内涵。通过梳理与知识产权权利边界理论密切相关的知识产权权利滥用、知识产权权利冲突等理论，对权利边界理论与权利滥用以及权利冲突的关系发表了笔者的见解。笔者认为，知识产权滥用是超出知识产权法律边界的一种行为，因而在判断知识产权是否滥用的问题上，可借助权利边界理论，依照内部边界和外部边界加以判断。知识产权权利冲突有的表现为知识产权个人利益与社会公共利益的冲突，有的表现为知识产权个人利益与他人利益的冲突，这些冲突需要对相互冲突的权利进行划界，并对内在冲突和外在冲突提出了权利划界的相应原则。

第三章　专利权与技术标准的权利边界

第一节　技术标准的性质与作用

一、技术标准的概念

标准的出现作为衡量事物的依据或准则，是人类社会发展的一大进步。标准，根据国际标准化组织（ISO）和国际电工委员会（IEC）的定义，是在某领域内经协商一致制定并由公认机构批准，共同使用或重复适用的，能获得最优次序的一种规范性文件。①

有学者认为："技术标准是一种含有具体技术要求或相关技术方案，带有强制性、指导性的文件，其目的是让相关的产品或服务达到该领域的市场准入或者安全性能的要求。"② 有学者认为："技术标准是指在技术进步的过程中，对一个领域内需要协调统一的事项制定的带有强制性、指导性、技术性和法律化的一整套规范和要求，是从事商品生产与流通应共同遵守的技术准则和依据。"③ OECD（经济合作与发展组织）定义技术标准为："将产品、原材

① ISO/IEC Guide 2：2004，definition 3.2.

② 张平，马晓．标准化与知识产权战略［M］．北京：知识产权出版社，2002：14.

③ 游乔君，王滨．技术标准——技术哲学研究的新视野［J］．辽东学院学报：社会科学版，2008（4）：7-11.

料、材料参数、元器件类型、操作规范、数量衡量、质量描述、所作的术语定义、规则、条件。”①

那么，技术标准据以上概念得出以下几个特点：

第一，技术性。技术标准是在先进的科技基础之上并具有一定实践经验的科技创新，是科技和实践的融合体。

第二，强制性。技术标准就是市场准入的“门票”，只有符合标准的产品和技术才能进入市场，除此之外，标准出台的过程复杂、严格，也表现出技术标准的庄严性和严肃性。

第三，经济性。这主要强调技术标准的目的是经济效益的最大化。不仅对提高产业效率、产品质量控制、技术的普及统一了要求，而且消费者、国家都将受益匪浅。

第四，程序性。技术标准的出台需要参考各方意见，并且要反应多方利益，那么出台过程一定是一个复杂和严肃并且艰难的过程。最终要综合政府、行业、科研机构、消费者等多方的利益和意见，也是一个各方博弈的过程。

第五，权威性。强调技术标准的效果应当保持权威，即技术标准是公认的具有权威机构如国际标准化组织或者国家权威机构标准化组织批准实施，并且由各方认可接受使用。

标准与技术标准是包含关系，除了技术标准之外，标准还有管理标准、生产标准、环境标准等。而对于企业来说，最关注的莫过于技术标准，不仅与企业的生存休戚相关，更是把握着企业发展的方向和动力；对于技术标准来说，也不是有了标准就有技术标准，而是随着产业发展到一定阶段，需要对行业进行相应规范和管理的时候，这种具有规范性意义的标准才会诞生。

标准依据不同的条件有不同的分类，本书研究内容主要涉及从法律角度进行分类的法定标准（De Jure Standards）② 与事实标准

① OECD. Information Technology Standards：The Economic Dimension [J]. Information Computer Communications Policy，1991 (25).

② De Jure 是拉丁语，意思是“根据法律的，根据权利的”。

(De Facto Standards)①。

法定标准具有强制力，因为其产生是政府和标准化组织追求的结果。法定标准严格并且一般不鼓励变化，其产生一定是经过一个固定的程序，要结合各方意见后才能颁布。事实标准则可称为“无冕之王”，是企业利用其技术市场应用优势与企业经营目标的市场化及其技术有关。最典型的例子莫过于美国微软公司和英特尔公司依仗自身的市场势力所形成的计算机市场 MS-Windows 操作系统和 Intel 微处理器（CPU）的“Wintel”（微机体系机构）事实标准。

而根据《技术性贸易壁垒协定》中对技术标准的表述，技术标准是国家认可的或公认机构批准的，非强制执行的，应用于产品或工艺或方法的，通用且可重复使用的技术方案。技术标准其实质可理解为：第一，强制性的技术标准相当于一条及格线，达不到及格线的产品或技术或工艺为不合格的，不能进行生产；第二，指向性技术标准无强制力，如果达不到技术标准，中小企业的选择便是寻求技术标准组织的使用许可或者仍旧以自己的技术自行生产销售其产品，但是由于标准的全面化和普及率会导致自有市场经营越发狭小，以致最后失去经营空间，所以很多技术标准未达标企业，特别是一些技术研发能力较弱的企业，仍然在寻求获得技术标准使用的许可。

当然，标准及标准化起了很大作用，如桑德斯（T. R. B. Sanders）在其 1972 年出版的著作《标准化目的与原理》中认为标准的功能主要在于：第一，简化产品品种及人类生活；第二，传递信息，促进经济安全；第三，保护消费者利益和社会公共利益；第四，消除贸易壁垒。②

---

① De Facto 是拉丁语，意思是“实际的，事实上”。

② Sanders T R B. The Aims and Principles of Standardization [M]. Internat. Org. of Standardization, 1972: 15.

二、技术标准的性质

《中华人民共和国标准化法》第七条规定有强制性标准和推荐性标准，强制性标准效力等同于技术法规。“凯尔森认为法律效力即法律规范是有拘束力的，人们应当依法律规范规定的那样行为，应当服从和使用法律规范。法律实效是人们按照法律规范的规定而行为，即法律规范实际上被适用和服从。”① 那么，强制性技术标准从外在来说具有了法的形式，从内在来说具有法律效力也就是赋予了强制力，总结来说，技术标准是具有强制效力的法律规范的一种表现。

同时，技术标准也是一种公共资源，这种公共资源指一定地域的人所共同拥有的财产，也称为公共财产，是服务于公众，可由公众共同享有的财物，但无法共同占有。这些资源主要包括自然资源、公共设施、公共信息、公共企业以及人力资源等。因标准属知识产权的无形物的范畴，技术标准代表的这种公共性资源即是在特定领域或行业中的企业，或者即将加入者都需要利用此类资源，当多项技术共同组成一种产品或成为特定的产业核心，并且成为一种共同遵循的路径时，就自然形成一种标准，这种标准允许任何参与者享有或者利用，这既是它的内在要求，也是其主要本质属性。综上所述，技术标准是一种公共产品，是国家以公益为目标设定的。

三、技术标准的作用

时至今日，技术标准已成为传统以工业为竞争模式转化为现今以商业竞争和知识竞争模式中最主要的一种竞争利器。在现今经济发展模式中，技术标准发挥作用如下：

从国家角度，技术标准是设置技术贸易壁垒的重要手段，也是保证国家经济安全的需要。技术标准在国际贸易中不仅是限制国家进口方式的指标，也是判断能否扩大出口的指标。另外，根据《技

---

① 刘叶深．法律效力理论中的实效性原则［J］．北方法学，2013（5）：30.

术性贸易壁垒协定》，我们知道在各国立法和实践中国际标准是被积极倡导的。① 所以，可以这样理解，“谁制定了标准，谁就拥有了话语权，谁就拥有了市场”。另外，国家不仅依靠技术标准在环境保护、资源节约、产业升级、社会福利等方面起到积极促进作用，更是在经济和国防安全中因为涉及与他国的国际交往，也需要对其予以规范和管制。另外，一国通过积极参与制定国际标准也能够保持其在激烈的国际竞争中取得优势。

从政府角度，技术标准也是国家对市场经济管理的职能体现。技术标准联系着产品质量、计量，更是衡量产业水平的指标线。因而，通过对技术标准的管理，政府不仅能够间接管控行业发展方向，也是政府对市场经济发生矛盾定纷止争的依据，更是政府治理市场失序、无序的有效方法。

从企业角度，企业的核心能力是技术能力和管理能力两部分的结合，而其中技术能力的发展更是重中之重。当一项技术的发展，对行业利益大于企业利益时，制定标准的呼声就会出现，而此时如果企业不采用标准武装其技术，就会陷入竞争的被动状态。通过标准内技术的先进性和市场接受度来降低产品成本，提高产品质量，来赢得竞争，并且要求纵向产业链提高技术和标准的适应性，最终实现商业利益和获得良好的市场竞争优势地位。

从消费者角度，不仅可以凭借是否符合技术标准选购质量更好的产品，还可以享用因标准的统一，提高产品的兼容性，由此带来方便。更是由于政府对标准的管理和推广，使环境、产业得到保护、管理，而从中收益。

“一流企业做标准，二流企业做技术，三流企业做产品”，这句话意味着哪个企业的技术被纳为标准，那个企业就极可能成为将

① 《技术性贸易壁垒协定》2.4 规定：“如需制定技术法规，而有关国际标准已经存在或即将拟就，则各成员应使用这些国际标准或其中的相关部分作为其技术法规的基础。”《技术性贸易壁垒协定》附件 3 规定：“如国际标准已经存在或即将拟就，标准化机构应使用这些标准或其中的相关部门作为其制定标准的基础。”葛志荣．《技术性贸易壁垒协定》的理解［M］．北京：中国农业出版社，2001：52-122.

来这个技术市场上的“霸主”。特别是在高新技术产业，技术标准已经成为企业赢得竞争的关键，然而，并不一定技术最先进的企业能确保一定获取竞争优势，反而是谁的技术更具有市场、能被标准选择，才意味着占领了“制高地”。由于各国越加重视技术标准，因而当今全球逐渐出现“技术专利化、专利标准化、标准全球化”的发展势头。这意味着企业将其拥有的知识产权成果纳入技术标准，随后专利技术演化成标准的一部分抑或直接被选择成为标准，最终使专利搭乘标准“顺风车”进行推广、传播。如果能将自己的知识产权标准上升为行业标准和国家标准甚至是国际标准，则是知识产权利用的最大化形式，也是自己的知识产权被认可的最高形式。企业利用标准专利这一武器，再通过企业核心技术专利链成为国际标准，能给企业带来良好的市场竞争地位，为企业带来巨额收益。

第二节　专利与技术标准的关系

专利是工业产权中的一种，具有知识产权特有的专有性质，这种专有性质体现在经申请由国家专利行政部门通过审查后，即对创立的发明，授予专利申请人在规定时间内该发明和创造专有权。

专利技术标准，是指包含着以某个或多个专利技术为内容的技术标准。在以往理解中，技术标准和专利权不仅相互独立，本质上甚至是对立的，因为专利的目的是使技术变成独家的专有权；而技术标准的功能就是减少变化，提供信息，从而使技术变得普及，使产业优化，提高效率，最终使公有领域更加有序。因此，早期标准化组织尽可能避免使用专利技术，而如今，由于各国都看到了标准带来的竞争优势以及巨额利益，导致各国都争先恐后将新开发的技术申请为专利，以致各国专利申请数量居高不下，而此时如果一个技术标准想要绕过专利，特别是想反映本领域技术发展新动向时，则势必绕不开专利，这也就是“技术标准专利化”趋势。

一、专利与技术标准的关联性

1. 专利是技术标准的基础

现在各国的发展趋势是将其新技术纷纷申请专利的状态，使得技术标准很难绕开专利“自立门户”，而借助专利垄断力带来的巨额经济效益，专利所有者更愿意将标准作为实现专利价值的最佳方式。其他人想使用技术标准就必须使用其专利技术，从而将专利授权许可转变为得到技术标准使用许可，这意味着通过专利把持技术标准，从而利用技术标准的普及化和强制力使专利更加具有控制力。与此同时，专利技术支持先进技术标准体系，一些技术标准须以专利技术为基准，专利的超前性导致专利成为技术标准的基础。

2. 专利标准化是专利技术追求的最高形式

技术标准需要向公众推广其标准下的技术应用，从而会产生最广泛的用户基础。对于专利权人来说，其最终目标是实现专利带来的市场经济利益最大化。为了生产合格产品，专利权人必须满足行业的技术标准要求。因而，专利权人追求的经济利益最大化和标准的应用最大化都建立在应用对象最大化的基础上，因此，这种条件下的矛盾主体可以转化为对立面，相互促进。这意味着专利权人为了追求其获得社会认可的专利技术，以获得最大的经济利益，主动或被动地将所追求的技术标准作为专利技术的最高理想，以促使其专利技术实现其预期目标。

3. 追求的社会效益具有一致性

鼓励创新和技术传播是专利和标准共同追求的社会效益目标。专利制度旨在通过提供有限的专有性来鼓励创新，该专利在有限的时间内授予专有权，以防止他人在未经同意的情况下制作或使用专利发明。专利权人根据自己所处的商业环境及竞争环境选择将专利转让或者许可他人使用或是自己使用，专利制度为专利权人提供了各种选择，以使其能够以最佳方式回收投资。在专利到期后，法律要求专利发明完全公开来促进技术的传播。

标准通过改善产品和服务的兼容性在产品质量要求中发挥重要的社会效益作用。从政府的角度来看，标准化越来越被认为是一种用以支持各种国家公共政策，如公共安全与健康政策、产业政策和贸易政策的工具。对于广大公众来说，标准简化了工艺，提高了产品的链接性，并且标准还通过保证质量和安全的产品和服务加强了公众的认可度，增加了社会效益。

二、专利与技术标准之间的矛盾

技术标准的公共性与专利垄断的本质特性决定了当技术标准与专利技术相结合时，两者不可避免地会出现矛盾，主要体现在以下三个方面。

1. 公权和私利之间的矛盾

技术标准基于广泛的社会生产行为规范，是公共福利，具有公权的明确性质。专利技术基于私人所有权，是私人利益的技术结果，两者是一种对立关系。专利被纳入技术标准，不仅没有改变专利权原有的私权属性和垄断状态，并会借助标准的普及力和强制力，增强专利在相关市场上的控制能力、支配能力。也就是私权穿上了公共产品的“外套”，这种结果对竞争、消费者权利、社会公共利益都是极大的威胁。

2. 无偿与有偿之间的矛盾

技术标准要求公开推广并且对其使用亦为无偿的，至少无需直接缴纳使用费给制定者；而专利技术的使用则是必须付费，无论是转让还是许可，甚至在国家计划实施、强制实施等非常情况下也必须付费。各种使用专利技术行为，包括制造、销售、许诺销售、使用专利方法等在内的本身可以不需要征得专利权人的同意，但专利技术的使用费还是必须要支付的。专利被纳入技术标准后，对于标准专利费用也是学术界近年的讨论热点。随着华为与美国交互集团标准专利使用费案件落幕，专利使用费用的“FRAND”原则也成为新近研究的热点内容。

3. 开放与垄断之间的矛盾

技术标准的开放和无偿性质规定，其应用只能是开放的，技术标准对应的产品的操作者也应当使用技术标准，否则会因为无法达到市场要求而被市场淘汰。相反，专利制度的基本特征也决定了专利技术的应用是基于垄断和专有的基础，而专利纳入技术标准将同时包含开放和垄断排斥性，同时国家又为标准提供了法律保护，这造成了技术标准自身开放和垄断之间的矛盾。

三、专利纳入技术标准的原因分析

早期的标准化组织在采集标准技术时，因为技术标准的公开性、公共性以及追求最小成本等特性而力求避开专利技术，但是在高科技领域技术普遍专利化的今天，大多数技术发明者和改进者都为自己的技术申请了专利，利用专利制度和专利战略在市场竞争中发挥作用，其中专利技术的 20 年保护期正好覆盖了新技术最活跃的市场时期，因而，如今标准制定机构如果再想排除专利技术或者要求专利权人放弃知识产权将其技术方案被纳入标准都是“海中捞月”。根据以上背景，在现今发展阶段，专利纳入技术标准的原因则具体可从以下两方面予以说明。

一方面，主要是专利持有人追求的结果，使得技术标准的制定无法避开专利，特别是“必要专利”。

技术标准本身就是一种含有细节性技术要求和技术方案的文件，专利技术创新的核心内容集中表现为对新技术的开发与应用，因而从本质上两者就有结合的可能性，而这种可能性也会随着高新技术的迅猛发展变得更加强化。新兴技术的持有者意识到知识产权制度鼓励、保护创新，并给予其权利长期垄断的专有性，因而这些持有者均使用知识产权特别是专利形式保护其技术。更严重的是，由于很多尖端科技还往往含有多个技术方案，且均由不同的持有人拥有，从而技术标准有可能还同时包含多个专利，还因为技术标准在制定时必须考虑当时的技术发展状况，因而根本无法绕开这样的专利。例如，市场将专利与技术的关系分为竞争性专利、互补性专利以及阻碍性专利，如果一个技术方案中含有互补性专利或者阻碍性专利，那么就需要获得多个专利持有人的同时许可才可使用该技术方案，因而这种行为也被称为“专利丛林”或“专利灌丛”(Patent Thicket)。特别是在电子、通信、医药行业的很多大型企业意识到“专利丛林”能够更容易“捕获”技术标准时，这些企业通过与其他企业强强联合，组成专利联盟，谋求使用“专利丛林”方式将其专利技术纳入技术标准，以期获取巨大经济利益。

另一方面是市场经济运行发展的要求，技术标准也需要吸收知识产权技术以保障其先进与优化。

技术标准本身就是反映一定时期对某些技术的统一规定，是当时科技发展状态和水平的客观反映，以期适应社会技术要求，能在实践中得到广泛实施。而伴随现代科技创新速度的加快和创新主体知识产权意识的强化，在许多领域，特别是高新技术领域内制定技术标准时，可通用技术逐渐在知识产权扩展与强化的背景下，高新技术发明者和改造者几乎将其技术成果均囊括于知识产权，此时，技术标准如果试图排除知识产权，那么其先进性与优化性就难以保障；技术标准如果吸收知识产权技术而要求权利人放弃知识产权权益，则标准建立的协商性机制与特点相冲突，实践中难以操作。更何况，由于知识产权人“专利丛林”的经营战略布局，使一项技术包含多个技术方案且这些技术方案有可能又由多个专利持有人同时持有，那么一项技术标准就会被多个专利权人“绑架”，此时如果这些专利权人反对，技术标准就难以建立和运行。例如，在1982 年全球移动通讯系统标准的制定过程中，主持标准起草的欧洲电信协会（CEPC）提出以不能在合同中自由定价为条件，要求持有核心技术公司无偿许可使用期专利，但是遭到这些公司的反对，以至于 GSM 标准推迟出台。后欧洲电信标准学会作为欧共体委员会特别成立的一个独立的欧洲标准化机构，又提出了“缺席许可原则”，即如果专利权人不特别声明，则推定其同意“公平、合理、无歧视”许可自己的专利权；但专利权人仍有权在标准化组织将该专利技术纳入标准后的 180 天内收回许可。① 然而，这一方案同样遭到专利权人的反对，其中摩托罗拉公司就拥有标准中的30 项核心技术，它的反对直接导致标准无法实施。最后，欧洲电

① C. Prins, M. Shcliesal, The New European Telecommunication Standardization Institute Policy: Conflicts Between Standardization and Intellectual Property Rights [J]. EPIR, 1993: 263-266.

信标准学会不得不于 1994 年决定专利权人自由决定是否许可标准中的专利权。①

四、专利纳入技术标准的条件

专利纳入技术标准的条件如下：

首先，必须是“必要专利”才可被技术标准吸收。② 标准必要专利是指一项标准在实施过程中，其中某项专利无法由别的技术方案所替代，因而，使用该标准就必然运用此专利，该行业或领域使用标准企业均在生产过程中无法拒绝的专利。根据《ISO、IEC、ITU 共同专利政策实施指南》，必要专利是指标准草案必须获取某项专利的全部或部分的实施授权，该专利即为必要专利。③

其次，对必要专利的整合在技术标准的建立过程中必不可少。④ 通常情况下高新技术科技产品中均是由多项专利技术构成，这些专利技术的持有人就可能运用交叉许可或专利联营的方式建立“专利丛林”或者“专利池”方式组建技术和经营方式的联合行为，对技术而言是一种整合，也为技术标准的发展奠定基础。

再次，根据必要专利而建立的技术标准必须为市场所接受。⑤ 由于技术标准的公共产品性质，因而，技术标准的发展必为市场接受。有些专利持有人先是通过将自有标准免费推广于市场，等待市场发展成熟，将自己的标准变为事实标准之时，将其标准向政府组织或标准管理机构申请变为标准必要专利，披上“合法的”外衣。

---

① See Toban Werbruggen, Anna loriner. Patent and Technical Standards [J]. Inernational Review of Industrial Property and Copyright Law, 2002, 33 (2): 129.

② 姚远. 技术标准下专利联盟理论与实务 [M]. 北京：中国科学技术大学出版社，2016：9.

③ Guidelines for Implementation of the Common Patent Policy for ITU-T/ITU-R/ISO/IEC (March 2007).

④ 姚远. 技术标准下专利联盟理论与实务 [M]. 北京：中国科学技术大学出版社，2016：10.

⑤ 姚远. 技术标准下专利联盟理论与实务 [M]. 北京：中国科学技术大学出版社，2016：10.

第三节　专利纳入技术标准与权利滥用

一、专利纳入技术标准后权利滥用的判断因素

专利是一种垄断权，当专利被纳入技术标准，特别变成必要专利时，这种专利权的垄断性便加强了。首先我们必须明确专利的垄断和纳入标准的专利的垄断能力并没有超过权利边界，垄断的认定需要达到一定的程度，而不能作绝对值判断。个案的认定也需要根据经济总情况和市场竞争判定，但综合判断因素，除了上文分析的反竞争行为外，还有以下因素相对明确。

（一）标准在市场中的地位

首先，标准在市场中的地位高低能够确定是否会对竞争产生较大或巨大影响，主要是根据以下两个方面的因素判断：第一，是否被法律或者政府机构列为强制性标准，如果答案是肯定的，那么对竞争的影响无疑是巨大的。第二，该标准在行业中是否被广泛接受，出没于标准之中，甚至于没有商业行为的结果，那么可以根据以上两个因素之一就可以判断标准的竞争地位。相反，如果标准的颁布实施不会影响产品生产或销售的正常运转，那么这类技术标准即使使用者众多，具有较高的市场份额，拥有市场力量，也未必具有反竞争性。

同时还要考虑标准的性质以及标准在面对市场时的情况，具体分析如下：

1. 单一标准市场还是多样标准市场

单一标准市场没有第二选择，如果纳入技术标准专利权人的拒绝许可或附加不合理条件，那么对使用标准者带来的损害是非常巨大的，因为单一标准更可能形成对市场的控制，也就意味着如果市场上只有专利权人一种标准被选择，采用这一标准不仅仅能单一化产品、削弱产品竞争，更是意味着能轻松地掌控市场，那么无法得到许可就失去了产品生存的空间，企业的境遇可以预知。相对而言，如果是多样标准市场，即同时可允许多个标准并存的市场，意

味着一种标准中专利人拒绝，那么其使用者则可能转向另一种标准，也就是标准中产生竞争状态，例如国家标准中同时存在国家标准和国家推荐标准。这种多样标准市场所涉及的产品在市场上会产生竞争效果。

2. 分析标准自身技术价值

标准的自身技术状况代表了它的生命力，如果它的技术拥有优势地位，不容易被新技术取代，那么这种标准的选择会限制新技术进入市场，并对消费者利益有所影响，因为竞争变少了，甚至没有竞争，从而达到了垄断地位。因此，同时还需要考虑标准所代表的产品市场地位，如果产品本身就不太受消费者欢迎，或者是小众产品，或者该产品本身很容易被其他产品所代替，如香皂和洗手液之间的关系，那么标准产品的市场地位也不会太高。

（二）主观目的或意图

很明显，一个企业将自己的技术专利努力转化为标准时，就是想获得更大的竞争优势，因为一旦被纳入标准，由于其天生的“排他力”会自动帮它淘汰一批技术竞争对手，进而扩大市场经营范围。如果是正常地被政府或者标准组织所选择，或者凭借经营力量变成事实标准，在这种情况下，一般认为主观动机和目的性不具有反竞争性。相反，如果在纳入标准时，采用了隐瞒含有专利情况，待纳入标准后宣称专利权，或者是不隐瞒专利拥有情况，而是在之后的标准使用过程中，滥用这种市场优势地位，比如拒绝许可、高价许可、搭售，抑或是其他不合理条件等，那么通过其行为就可认定其反竞争的主观目的，当然前提也要结合市场结构和市场影响力综合分析判断。

（三）竞争关系

竞争关系，狭义可理解为同行业之间为了抢夺交易机会而产生的排斥关系，但从狭义的概念理解会发生很多竞争行为无法确定实证的行为，因而可采用在 2010 年最高人民法院关于百度公司与奥商网络公司之间的不正当竞争案中对竞争关系认定而采取的较为广义的理解方式，认定处理司法实践中层出不穷的竞争关系案件。最高人民法院在该案裁判要旨中指明，竞争关系是否存在不以双方是否处于同一行业或服务为限，主要以双方在市场竞争中是否存在一定联系以及一方是否采用了不正当的竞争方式为切入点，如果妨碍了一方正常经营或损坏其合法利益，则可认定双方存在竞争关系。那么在判断被纳入标准专利权人与标准组织其他成员之间是否具有竞争关系，主要考虑在进入标准时目的是否基于对付竞争对手，是否基于谋取竞争利益需要而利用各种方法对标准组织施加影响，是否基于谋取竞争利益需要而阻碍标准技术的正常审查与选择，从而使其他成员的技术落选，自己的入选。在这种情况下出现的拒绝他人标准提议的行为很可能具有反竞争性。当然在被选入标准后，如果入选者和其他成员之间在商业上并没有竞争关系，但是在技术上却是必须使用该标准，那么如果入选者不当使用其拥有的市场地位，则仍可能具有反竞争性。例如，华为与交互数字集团诉讼案中，被告交互数字集团是出售技术盈利的企业，同时拥有美国、中国在内的2G、3G、4G无线通信技术领域标准项下的大部分标准必要专利，相对而言，华为是全球主要的电信设备提供商。从表面上看，两企业是上下游关系，但是我们应当从广义角度对竞争关系予以定义，即只要其不正当竞争行为妨碍了他方正常经营且损害其合法利益，则应当肯定两者之间存在竞争关系。

（四）企业的市场份额

同时还要考虑企业的市场份额对市场力量的影响，即经营者是否拥有支配地位，如《反垄断法》第十八、十九条规定，市场支配地位的考察因素和推定认定市场支配地位之市场份额的确定标准，一个经营者在相关市场的市场份额达到二分之一的；两个经营者在相关市场的市场份额合计达到三分之二的；三个经营者在相关市场的市场份额合计达到四分之三的。在美国，50%以上的市场份额被认为具有市场力量，80%以上的市场份额则可能由于本身违法原则受到规制；在欧洲，单个企业市场份额占据三分之一，三个以下企业市场份额共同占据二分之一，五个以下企业市场份额共同占据时，将可能被认定具有市场力量。① 此外，还有包含进入市场障碍、企业规模，还有上下游企业联系程度及行业本身等都是考量市场支配地位的因素。

二、专利纳入技术标准后权利滥用行为

专利被纳入技术标准后，借助技术标准具有了普及型和一定意义的强制力，因而能轻松地赢得竞争并且获得巨额利益。专利权人实施的下列行为可判断为专利滥用行为。

（一）拒绝许可“必要专利”

拒绝许可是权利人由于自身享有专利权，不同意将自己拥有的专利权授权给其他公司使用，目的是为了排挤竞争对手，增强自己的竞争实力，巩固既有垄断地位的行为。如果拒绝许可是标准必要专利，则可认定为专利滥用行为。必要专利（Essential Patent）是在一项技术标准体系的核心，是不可缺少的技术标准，而这种技术标准又享有权利人独有的专利技术。必要专利的表现有两个方面：一是技术无法被代替；二是技术与标准紧密结合，关联着标准指向的产品或方法。通过拒绝许可必要专利这种方式限制或者妨碍市场中其他竞争者，特别是实力弱小的竞争者或者是刚入行的小企业。这些实力弱小的企业或刚入行的企业因而只能选择退出市场，而拥有技术标准的企业则因此可能发展成寡头垄断的局面。美国对拒绝许可规制体现在《知识产权许可的反托拉斯指南》中，该指南提出，权利人必须授权许可他人使用其知识产权并非权利人之义务，但也会考虑这种拒绝行为是否会违反《反托拉斯法》，构成滥用市场支配地位的行为。

（二）限制性交易行为

限制性交易行为（Restrictive Business Practice）是经营者利用其拥有的市场优势地位甚至是支配地位，在许可合同中附加其他条

① 王先林，等．知识产权滥用及其法律规制［M］．北京：中国法制出版社，2007：208.

件或者添加不适当的条件等方式，目的是限制竞争，损害交易方权益。特别是在必要标准专利许可合同中，更容易使交易方因处于弱势竞争地位而接受其不合理条件，例如要求对方回授专利，将专利的使用、销售限定于某方面或某区域等。这种限制性交易行为的实质即专利持有人依仗其拥有必要标准专利来许可他人使用为名，附加不合理条件以垄断市场，要挟竞争对手，以此减少竞争。具体表现如下：

一是搭售许可行为。它要求在使用一项专利的同时必须连带接受另一项专利，在实践中被称为“专利包”。“一揽子”许可也是这种搭售形式的别称，是被反垄断法所禁止的行为。搭售有正当和不正当之分。不正当搭售是企业以制定行业标准为外衣，在技术标准中，必要专利技术通过“一揽子”许可，甚至顺带销售一些“非必要专利”、无效专利，表面看似得到了更多的专利，实际上却承担了更高的许可费用，买到了根本无用的“商品”，但由于专利的不可替代性使得各专利间竞争受到遏制，专利使用人也将承担更多费用，这损害了使用企业的利益。

二是回授。通过专利许可协议，被授予专利方同意知识产权人利用其对原技术所作的革新，即为回授。通过发展技术，被授予专利方对现存专利进行升级，知识产权人当然期待自己的商业利益能够被授予方用以保护自身科研成果的方式得到继续保护。除此之外，若被授予方能就自身技术改进申请专利，即现在的专利面临淘汰，纵使在原有的协议下许可人可获得许可费用，然而其市场支配地位显然被弱化，以至最终黯然退出市场。故许可人往往在协议中约定，许可技术的任何改善，被许可人均应告知许可人，作为回馈，授予许可人一些在这些改进上的权利。类似的规定可见于DVD“6C”、“3C”联盟在我国的专利许可协议。该条款一定程度上促进专利使用率的配置，但也可能进一步巩固和加强专利联盟的垄断性，还可能使得被许可人继续研发的积极性丧失，反垄断问题爆发。①

三是其他许可合同中的限制性条款。例如限制技术改进条款，专利许可协议中该条款主要是，拒绝被许可人在技术使用时对其被许可技术进行技术改进升级，许可人所希望达到的目的与回授条款相似，但其性质更为恶劣，旨在避免被许可人进行技术革新而将其永远变为“需要供养者”，从而慢慢从市场淘汰。从根本上说，限制技术改进条款与专利制度的宗旨相悖，严重阻碍了技术的进步，使得许可人的垄断权逾越了法律的规定。

另外，限制性商业行为还有对交易方专利产品产量、价格的限制，限制交易方使用专利技术的条件和范围，不得反控条款，甚至要求交易方购买其已过期专利并支付费用，等等。

（三）专利许可费问题

专利纳入技术标准后，许可费中最常见权利滥用问题便是价格歧视和许可费过高。价格歧视，指厂商购买或售出产品或服务时，客户的差异将影响价格的高低，其待遇的不同与成本无关。卖方就其同质的商品或服务对买方报出不同的支付价格。在技术标准问题中，卖方价格歧视行为也被称为“同物不同价”行为。FRAND许可规则要求专利权人应当以“公平”“合理”“无歧视”方式给予申请人使用其专利，但是由于标准必要专利产生使专利权人专利产生更高的价值，同时也产生了更大的市场支配力，因此标准必要专利权人极容易借助此力量收取高额的许可费用或附加不合理条件。但在现实情况中很难认定价格歧视行为和许可过高行为，其主要原因，一是“不公平、不合理”标准的确定和细则的判定，二是在不同国家经济状况和法域下，要证明专利权人的许可条件间的实质性差异绝非易事，三是超高定价标准也不易掌握。2013年华为与美国交互集团诉讼中对于许可费用的判决开创了中国关于标准专利许可费计算之先河。

① 姚远．技术标准下专利联盟理论与实务［M］．北京：中国科学技术大学出版社，2016：190.

（四）联合行为

标准往往含有多个技术方案，而这些技术方案均由其权利人纷纷申请为专利加以保护，如果这些专利权人相互授权并且联合起来组成“专利池”“专利丛林”等对标准使用人形成更高的授权“门槛”，这样就构成标准许可中联合发起的滥用行为。这种联合行为具体表现主要是联合定价、搭售非必要专利或者限定下游商品产量等限制竞争的行为。Allied 案就是这方面的典型案例。1980 年前，在制定《国家电子法案》时，美国国家消防协会提出：一幢建筑若是想要建造成高楼，则务必使用钢质导管，各地方政府都将其列为准则。不久，一种可以替代钢管使用的塑料导管由 Allied Tube & Conduit 公司研制出来，并建议 NFPA 使用该塑料导管，NFPA 最终在 1980 年年会上通过，民主投票定下了新产品的确定和标准的修改问题。召开年会之前，该协会的成员受到钢管生产商的联合贿赂，最终的结果以 394 ∶ 390 的 4 票之差否决了 Allied Tube & Conduit 的提议。后来，最高法院裁定钢管企业行为与反垄断法相违背。

（五）滥用专利诉讼

郭卫华认为，滥用诉权是指诉方缺乏合理根据，主观是故意或相当于故意的重大过失，以诉讼作为纠缠法院和相对当事人的手段，其根本是与诉讼目的相悖地行使法律所赋予的各项诉讼权利行为，结果是造成了不必要的人力和财力浪费的行为。① 这个概念以诉讼不含目的作为衡量诉讼滥用的标准。司法实践中，滥用专利诉权的形式多样，种类繁多，其中主要有恶意诉讼、拖延诉讼、滥发律师函以诉讼相威胁等。

2002 年，美国联邦贸易委收到一份来自思科公司的报告，滥用专利权在技术标准中的严重后果显而易见。报告称：实际上，许多人和公司已经将获得专利权作为其终极目标，对于研发过程中投资的保护已不是他们的主要目的，其主要目的在于收取那些从不知晓其专利存在，但需要经过他们许可后方可进行实际制造、销售的

① 郭卫华．滥用诉权之侵权责任［J］．法学研究，1998（6）：131.

公司的报酬。他们意在谋取他人不可回避技术标准时，无意的侵权造成的结果，静待那些公司向市场成功推出产品后，再对其进行“捕获”。对于他们而言，专利制度更像是彩票，他们获得专利并收取其他成功企业的许可费，专利局长期拖延专利申请给他们带来更多的利益，由此该专利的实际包含内容并不确切，第三方则可能生产含有专利权的产品而并不知道侵权的发生。他们还能从高昂的诉讼费中得益，因为他们能提出许可费低于诉讼费，当侵权真的发生时，对方即使停止侵权也将面临更加高昂的花费，从而阻止其产品改造。

三、专利纳入技术标准后权利滥用反竞争后果

专利不仅是赚钱的工具和资产，同时更是限制他人经营事业的工具，更多的专利导致商品化困难。有些领域如医药领域的技术涉及社会公共利益，专利保护会导致公共健康危机。专利制度存在的这些问题使它面临着比疫苗更严重的问题和危机。① 一旦专利纳入技术标准后，专利权本质的私权属性和技术标准的公共物品属性客观上形成了冲突，产生标准阻抑及竞争阻碍问题。② 技术标准的诞生过程就是一种单一化过程，因而相应地削减了很多相关技术在市场上的存在，也就减少了技术层面的竞争，而如果权利人再通过其已经纳入技术标准的专利，使用相关滥用行为最终就会将标准公共物品打上私人“标签”，最终损害竞争，侵害使用人乃至消费者利益。由于专利纳入标准本身就是一种减少竞争的行为，如果专利权人再利用标准实施权利滥用行为，那么对公共利益或其他标准使用企业来说，会产生以下不利影响。

1. 最终损害消费者自主选择权

标准化在带给消费者产品质量保证、产品兼容等好处的同时，也在伤害消费者对产品多样化的选择。标准化排除了不符合标准的

---

① 王太平．知识产权制度的未来［J］．法学研究，2011（3）：88.

② 孙南申，徐曾沧．美国对技术标准中专利信息不披露行为的反垄断措施［J］．华东政法大学学报，2009（1）：56.

产品和服务进入市场，一方面出于消费者角度考虑，另一方面也是出于企业限制竞争的需要。从这个角度看，这种被驱逐的产品和服务限制了消费者多样化选择的自由。

除此之外，由于标准专利中的价格歧视和过高定价等权利滥用行为，使产品的成本增加，最终这个曾经的许可费用成本会由消费者“买单”，因而也是损害消费者自主选择权的表现。

2. 容易形成寡头行业垄断

标准的制定和许可过程容易形成联合行为，从而演变成“专利丛林”“专利池”现象，这种方式更容易淘汰刚进入行业的小企业、新企业，因为要进入行业意味着接受技术标准，而这些技术标准含有很多大企业的专利，还有专利的捆绑销售、回授要求等，另外专利许可费用高昂，所以结果就是行业参与者越来越少，变成“寡头”企业控制，这对产业更新、竞争都是极为不利。以全球汽车业为例，21 世纪初开始，日本丰田、德国大众和美国通用三大公司，在汽车及零部件的设计以及汽车开发系统上达成了基本协议，该三家企业在统一的世界标准下再通过相互交换信息，建立联合开发机制，这使得他们下一代技术开发竞争处于优势地位，如今已基本形成市场寡头格局。① 被纳入技术标准的专利权人通过知识产权和技术标准两个利器，将竞争侧重点从产品竞争演变为价格竞争，最终是没有竞争，变成对一国市场的垄断乃至对世界市场的垄断。

3. 阻碍技术革新

标准的本体属性就是一种公共物品，具有基准性、公认性、可信性、公益性、知识性、普适性和稳定性等。② 那么，新技术本身就很难进入标准化市场，从技术开发者角度也不愿意去挑战既定事实，即使愿意挑战标准也需要去承受新技术不被市场认同的风险。标准产品不仅仅针对该技术统一，关键还可能涉及连锁产品反应，

---

① 李向阳．国际经济规则与企业竞争方式的变化［J］．国际经济评论，2000（Z6）：7.

② 麦绿波．标准的地位和性质［J］．标准科学，2013（1）：13-17.

因而，另辟蹊径进行开发、推广，对于经营者而言也非最优选择，还需要消费者认可，这种标准带来的经营链阻碍了技术更新，打击了技术创新的原动力。

第四节　权利边界与标准必要专利规制

在探索我国对标准必要专利的规制前，可以考察美国与欧盟对标准必要专利的相关政策，用以借鉴。

一、美国对滥用标准必要专利权的规制

研究美国对标准必要专利规制的态度，应首先研究其对待知识产权滥用态度的转变，即从本身违法原则的认可到现在认可合理分析原则的态度转变。

首先，在20世纪初，以著名的“九不准”① 为代表的美国“限制专利”政策“大行于道”。这种理论经政府推出之后，使美国法院认为，只要是拥有知识产权便可直接推定该企业具有市场支配控制力，随后，由于这一原则打击了美国企业经营者和发明人的积极性，并使得专利制度受到严重质疑，结果导致高新技术产业对创新的质疑和抑制，从而逐渐呈现萎靡之态。随后，伴随着20世纪七八十年代的金融危机，美国为改变经济低迷之态，政策中开始改变对专利的打压态度，并积极寻求对专利的鼓励政策以期对经济发展助力，而美国司法界亦不再坚持对只要持有专利权便直接推定经营者具有市场支配力的“本身违法”态度。此后，在1995年，美国更是为了给知识产权反垄断审判实务问题增加相关理论指导，还发布了《知识产权许可的反托拉斯指南》（以下简称《指

① 所谓“九不准”包括搭售、强制性回授、对转售专利产品的限制、独家交易、被许可人对再行办法许可证的否决权、强制性“一揽子”许可、对非专利产品索取专利权使用费、对专利方法的被许可方销售产品进行限制等九种行为构成本身违法。

南》)①，该《指南》提出知识产权保护与反垄断二者之间具有共同目标，即都是以促进创新、增进消费者福利为目的。明确了拥有知识产权并不与持有市场支配力具有必然联系，这种理论即为垄断执法的一般分析理论，也被称作“合理原则”。该《指南》遵循“合理原则”对专利权许可限制行为是否具有反竞争的效果进行考察，并对该反竞争效果是否对经济造成实质损害进行分析。②

其次，2007年，美国发布《反托拉斯执法与知识产权：促进创新和竞争报告》(以下简称《报告》)，该《报告》在听取诸多法学家、经济学家的意见和建议，并在开了多次大规模听证会听取意见之后，仍然继承了合理原则思想是用于辨别、判断知识产权行为滥用与否的指导思想之精神，并且认为合理原则可应用于新时代产生的竞争问题，即对标准必要专利滥用问题的规制。该《报告》提到了技术标准中的过期专利延长权利人的市场支配力问题，为规制专利权滥用要求标准化组织事前对专利权人许可谈判行为进行约束，为事前谈判协商明确了方向。③

再次，在2013年美国司法部和美国专利商标局发布的《有关标准必要专利自愿性FRAND许可救济的政策声明》中指出标准必要专利权的侵害性，标准必要专利权人可能采取诉讼方式，如禁令救济对被许可人施加经济压力和诉讼压力，逼迫其接受标准必要专利权人不合理交易条件，而消费者便是这种行为最终损害的承担者。该政策性陈述虽然缺乏强制性，但陈述中主题明确，要求政府对于负有FRAND义务的标准必要专利权人被其控诉侵权的当事人实施禁令要求时，要持审慎态度，以防止其利用私人禁令救济方式而对标准使用者代表的社会公共利益产生损害。同时，如果标准必要专利在缺乏有效的代替性技术时，标准必要专利权人更是应当避

---

① 《知识产权许可的反托拉斯指南》属执法部门的咨询性政策说明文件，既不能约束当事人提起自诉，也不能约束法官审判。

② 刘蕊．专利权滥用的反垄断法规制［D］．大连：东北财经大学，2013：20.

③ 周红阳，林欧．反垄断法规制专利标准化垄断的制度模式［J］．法律适用，2013(12)：108-112.

免设定过高的许可费或使用不合理的许可条件来要挟其标准专利使用人或阻止其他标准专利使用人使用其标准。而合理原则，从标准必要专利性质入手，从其自身特点以及对其他经营者以及整体社会公共利益影响分析，从而判断是否应当在谈判中采用禁令方式。

二、欧盟对滥用标准必要专利权的规制

欧盟委员会与欧盟法院在对标准必要专利规制时，立法和实践上均注意平衡各方利益，目的是既要维护欧盟市场内的有效竞争，又要合法地限制专利权人许可滥用行为。

《欧共体条约》第三条、第八十五条、第八十六条与“专利池”之间有联系。第三条是保护竞争的法律原则，并一定程度上避免其扭曲。第八十五条是关于反竞争协议中禁止及豁免规定。第八十六条是关于禁止滥用市场支配地位的规定，以及细化了有可能产生垄断的行为。

2004 年 4 月 7 日，《关于对若干技术转让协议适用条约》第八十一条第三款的第 772/2004 号条例通过，这是在 1996 年《技术转让规章》还有《欧共体条约》之后所作的更详细的规定。772/2004 规章明确了标准化的专利权范围、市场份额基准，还有对专利联营的进一步关注，是平衡反垄断法与知识产权法对维护竞争和激励创新的结果。

《2004/C101/02 指南》则是在 772/2004 规章的基础上对专利使用许可协议中限制竞争行为进行细化和确定某些情况下的适用规则。该指南中与美国（95 指南）在强调根据市场份额和地位来确定协议能否豁免意见一致。如以市场份额为依据的“安全港”同美国（95 指南）“安全地带”做法非常相似，欧盟甚至在该指南中将不能在协议中出现的限制条款进行明确，具有指定性和预见性。

2010 年《企业间横向合作协议的反垄断评估指南》是在总结欧盟委员会对高通案、微软案标准制定之上所做的调查分析后的总结，在 2004 年指南基础上加强了技术标准制定过程中竞争法可适用部分，还有“专利丛林”的相关处理。该指南最为瞩目的部分是标准化协议相关内容的规定，包括本身违法用于鉴别限制竞争行为，“安全港”即不属于限制竞争行为的确认、效果分析情形类别

等。在指南中还认可了 FRAND 原则用于标准必要专利授权使用，还有对于许可费率等都有相应的规定。

对于事实标准，欧盟主要依据《欧共体条约》第八十一条、第八十二条进行调整。这两条主要是针对两个及两个以上企业的联合限制竞争行为的规制，还有就是针对一个或多个企业滥用其市场支配地位的行为作了原则性规定，这两条更是欧盟官方审查机构对事实标准进行行政审查所依据的条款。

欧洲法院对于标准专利许可问题在规制上行使区分原则，即尊重专利合法存在，但是专利行使却不可以损害公共利益和私人利益，讲求区分对待专利的产生和行使原则。因为标准专利行使涉及公共利益与私人利益的平衡，仍然要坚持反垄断法调整的思路。除此之外，实践中，欧盟要求相关企业如果有相似于涉及垄断的行为就应当进行申报，例如“专利丛林”许可协议行政审批制度，如确实涉及垄断，则欧委会拥有撤销豁免的权利，如果相关企业不及时申报，则承担相应的违法后果。

三、标准必要专利之权利边界分析

专利的私权性来源于专利的本质，就是对发明人创新行为的奖励，是发明人私人的占有标识。专利也是罗马法中“无体物”理论的典型表现，同时也是罗马法对财产非物质化的革命结果，经历了从封建特许权向民事财产权演变的历史过程，并已得到理论界和绝大多数国家的立法实践普遍承认。① 专利的私权性决定了专利权

① 从 20 世纪初开始，美国最高法院从“公法”角度看待专利法问题，甚至将专利法看作公法，认为应当考虑建立新的规则以实现合乎需要的公共政策目标。近年来，不少学者也主张知识产权兼具私权属性和公权属性，出现了公权化的趋势。具体观点见冯晓青等：《试论知识产权的私权属性及其公权化趋向》，载《中国法学》2004 年第 1 期；李永明：《论知识产权之公权性质》，载《浙江大学学报》（人文社科版）2004 年第 4 期。但通说认为，权利限制并不影响专利的私权客体属性，没有也不应该改变知识产权的本质属性。具体观点参见郑成思：《知识产权法》，法律出版社 2003 年版，第 15 页；吴汉东：《关于知识产权私权属性的再认识——兼评“知识产权公权化”理论》，载《社会科学》2005 年第 10 期。

的产生、行使和保护，适用于民法的基本原则和基本规则，强调以权利中心为本位，在规范方法上是以授权性规范为主要内容，在立法重心上是以保护创造者权利为首要。①

郑成思对专利权边界问题打了很形象的比喻："就是正如在西方国家驾车驰骋在公路上，会不时见到大路边的岔路上有牌子写着'PRIVATE'，以示'公路'与属私人的地产部分的'私路'的界限。"② 以私权论，专利创造者拥有对其专利占有、使用、收益、处分的权利，能独占其创新成果并能排斥他人干扰对自己正常行使专利权的能力。以法律论，专利权具体保护范围应当以法律法规确定范围为界准，而依据我国《专利法》第59条规定，专利权保护范围明确以专利权利要求书或说明书及附图记载为准。这种说明和权利要求书既是一种宣示权利的行为，又是一种与公共资源划界的行为，可以理解为是专利权被划定的内部边界。

专利权被纳入标准后，专利权人仍然享有专利权的三个组成部分，即独占权、流通权、禁用权。其中包含了合法垄断了专利制造、销售、使用、进口、转让、许可方式下的流通，禁止他人使用除非得到允许等权利。但这种权利的设置，其理念基础在于最终追求的是促进公共利益和保护公共利益，因为知识产权制度对专利权的设计目的在于，通过鼓励创新让创新带来的福利促进经济发展、公共事业进步和公众福利保障。如果专利这种垄断的界限被权利人有目的地扩大了，并侵害到了他人或大众利益，那就破坏了法律设计的"度"。

专利在被纳入标准之后，仍然享有独占、流通、排他等权利，但是由于标准的特殊性使专利人享有的权利更加"有力"，并且因为标准的公共性质，更是拥有了某种"威慑力"，因为一旦不符合标准的产品进入不了市场，竞争者就面临被市场淘汰的风险。如果此时专利权与标准这个公共产品权利边界无法划分清晰、明确，就

---

① 吴汉东．关于知识产权和权属性的再认识——兼评"知识产权公权化"理论［M］．北京：社会科学出版社，2005：10.

② 郑成思．知识产权论［M］．北京：社会科学文献出版社，2007：194.

可能让权利变成法律意义上“伤人的牙齿”，此时的权利绝不是无害或善意的。行使权利的个体也可能受到诱惑，把权利利用到极限①，即超出了专利标准化后的外部边界。

判断专利标准化权利的外部边界主要有两条：一是不侵犯他人专利权；二是不产生垄断。不侵犯他人专利权这一边界主要看专利标准化权利的行使会不会落入他人专利的技术特征范围，这相对比较清晰，依赖《专利法》就能基本确立。对于不产生垄断的界定，认为主要是依靠我国《反垄断法》予以规制。可以说，专利标准化权利超越外部边界的主要形式就是产生了专利标准化垄断。由于专利被纳入标准，专利拥有了更强的排他力量，这种力量表现为不仅仅是对非专利技术的排他，还由于借助了纳入标准这种“搭便车”行为，使其在专利技术市场上迅速被推广，由于具有“威慑力”，从而形成无形的“盾牌”使其慢慢地成为市场的主导者，形成竞争优势地位，而如果专利权人滥用这种无形的市场优势地位，则超出其权利外部边界。例如，前文所分析的典型的专利纳入技术标准后权利滥用行为——拒绝许可、歧视定价、捆绑许可等行为，不仅侵害申请方利益，还影响着相关二级市场正常的竞争秩序。另外，专利权人超出外部边界行为还包括在标准制定过程中将非必要专利纳入标准、拒绝必要专利进入标准、专利信息不披露、滥用支配地位制定专利标准等行为，以及在专利标准实施过程中采用的联合行为如价格同盟、标准化的错误认证的限制竞争行为，还有标准化实行集体抵制、运用标准化实行限制质量竞争、违背承诺实施不正当竞争行为、缺乏合理性基础的标准化限制竞争等，均是超出权利外部边界行为，应当及时予以规制。

四、我国关于标准必要专利之规制

（一）现阶段我国关于标准专利规制状况

现阶段我国与标准必要专利相关的法律主要涉及 2008 年《专

① 史蒂芬·霍尔姆斯凯斯·R. 桑斯坦．权利的成本［M］．北京：北京大学出版社，2004：4-5.

利法》、1989 年《标准化法》、1999 年《合同法》以及上述法律配套法规及实施细则等。

《专利法》没有专门规定标准专利问题，但是涉及标准专利拥有的私权滥用行为的规制，主要是指拒绝许可。关于拒绝许可，《专利法》主要基于公共利益考量，调整许可人与被许可人之间的关系。在这里专门要提到的是《专利法》第六十六条，该条款是关于诉前禁令的规定，这条常被专利持有人用来阻滞专利申请使用人相关权利，也就是可能成为专利权人滥用权利的“武器”。另外，根据 2015 年 12 月 2 日，国务院法制办公布的《中华人民共和国专利法修订草案（送审稿)》，我们发现，新增了第十四条，“申请专利和行使专利权应当遵循诚实信用原则。不得滥用专利权损害公共利益或者不合理地排除、限制竞争”。增加了对滥用专利权危害公共利益的原则性规定。第八十五条也对标准专利制定前的信息披露义务及违反披露义务即视为许可使用，还有对许可费收取规则和费用争议裁决等作出规定。①

《合同法》倡导公平、平等、诚实信用原则，但是仅仅为原则性规定，缺乏实际操作性。比如，对于纳入标准专利权人而言，实质上其已经间接占据了市场支配力，因而其滥用市场支配力行为如合同中约定的搭售、回授、技术限制使用、销售等条款本可以使用相关条款使之无效②，但是，由于具体条文缺乏实际操作的指引和对具体行为判断的规则要求，从而给真正处理带来了不确定性。

1988 年颁布，并于次年实施的《标准化法》至今已实施了 28 年，当时只有 26 个条文，产生背景是产业结构相对简单、计划经济向市场经济转型时期，如今随着科技的发展和经济的进步，特别

① 2015 年 4 月 1 日，国家知识产权局公布的《中华人民共和国专利法修改草案（征求意见稿）》第八十二条，已对标准必要专利有关的披露、许可、禁令规则进行了规定。2015 年 12 月 2 日，国务院法制办公室公布的《中华人民共和国专利法修订草案（送审稿）》，大幅保留了专利法意见稿第八十二条的内容，微调形成第八十五条。

② 《合同法》第三百二十九条：非法垄断技术、妨碍技术进步或者侵害他人技术成果的技术合同无效。

是国际经济联系日益密切的大环境下，越发无法跟上时代脚步，特别是针对标准权滥用行为无相关规制规定。2017 年 11 月 4 日，第十二届全国人民代表大会常务委员会第三十次会议修订的《标准化法》，其中第十七条要求强制性标准文本应当免费向社会公开。在第二十二条对标准的社会、经济效益提出了要求，禁止利用标准实施妨碍商品、服务自由流通等排除、限制市场竞争的行为。在第三十七条表明了对标准滥用的惩罚方式。在《标准化法》第三十九条第三款规定利用标准实施排除、限制市场竞争行为的，依照《反垄断法》等法律、行政法规的规定处理。也就是说如果滥用行为涉及垄断问题，那么，可以依据《反垄断法》予以处置。

可以这样理解，《合同法》与《专利法》调整的是横向主体之间的标准专利使用问题，而《标准化法》和《反垄断法》则是对标准专利滥用行为纵向的调整，是对竞争环境总体的规制方式。《反垄断法》调整经济行为应当与该国或地区实施竞争政策相一致，《反垄断法》的灵魂是竞争政策，《反垄断法》更是竞争政策的具体实现方式，竞争政策也会随经济发展变化和实际需求作出相应的调整。① 由于《反垄断法》与标准设置的目标统一，执法标准更为明确化，执法措施更具灵活性，决定了标准必要专利权人实施的权利滥用行为应当更具有针对性。

除以上规定之外，我国还有相关行政规章和司法解释，都对标准专利滥用规制问题进行了探索，积累了宝贵经验。

相关行政规章主要有：2014 年 1 月《国家标准涉及专利的管理规定（暂行）》，2015 年 8 月《关于禁止滥用知识产权排除、限制竞争行为的规定》，2017 年 3 月 23 日国务院反垄断委员会发布《关于滥用知识产权的反垄断指南（征求意见稿）》，2016 年 1 月 6 日国家工商总局竞争执法局公开的《关于滥用知识产权的反垄断执法指南（第七稿）》。

这些行政规章都对标准专利的制定中涉及危害竞争行为（主要是关于对专利信息的披露）和实施中涉及的危害竞争行为（主要是拒绝许可、高价许可、搭售、滥用诉权等）予以了相应的规

① 孔祥俊．反垄断法原理［M］．北京：中国法治出版社，2001：13.

定。例如，在《国家标准涉及专利的管理规定（暂行）》中对制定过程中专利信息披露、许可使用、涉及专利的强制性国家标准特殊办法等作了规定，但缺点是法律后果缺乏明确性，缺乏可操作性，被评价为“该《管理规定》历经13年的研制、论证，剔除争议条款，模糊处理不确定条款，不可避免地终结为一项极具宏观性的部门规范性文件”①。2015年8月国家工商行政管理总局开始实施《关于禁止滥用知识产权排除、限制竞争行为的规定》，其中对专利可能被纳入标准，专利权人披露时间的限定，即规定在第十三条第一款“在参与标准制定的过程中”②；另外，披露客体要求不仅仅是征求意见稿中的强制性标准，而是扩张为所有涉及标准必要专利的标准。第十三条是对标准必要专利滥用使用反垄断规制办法的肯定，该条还对标准专利权滥用的行为和性质进行了阐述。实施版与征求意见稿相比，对标准专利的反垄断限制更加明确、合理，缺点在于均认为只是行政规章而已，没有上升到法律位阶。另外，在2017年3月23日国务院反垄断委员会发布《关于滥用知识产权的反垄断指南（征求意见稿）》③ 与2016年1月国家工商总局竞

① 杨晓丽．中国国家标准涉及专利的处置规则评价（上）标准专利处置实务系列3［J］．电子知识产权，2014（8）：62-65.

② 该条款全文如下：“经营者不得在行使知识产权的过程中，利用标准（含国家技术规范的强制性要求，下同）的制定和实施从事排除、限制竞争的行为。具有市场支配地位的经营者没有正当理由，不得在标准的制定和实施过程中实施下列排除、限制竞争行为：（一）在参与标准制定的过程中，故意不向标准制定组织披露其权利信息，或者明确放弃其权利，但是在某项标准涉及该专利后却对该标准的实施者主张其专利权。（二）在其专利成为标准必要专利后，违背公平、合理和无歧视原则，实施拒绝许可、搭售商品或者在交易时附加其他的不合理交易条件等排除、限制竞争的行为。本规定所称标准必要专利，是指实施该项标准所必不可少的专利。”

③ 商务部反垄断局．公开征求《关于滥用知识产权的反垄断指南（征求意见稿）》的意见［EB/OL］．［2017-03-23］．http：//fldj. mofcom. gov. cn/article/zcfb/201703/20170302539418. shtml.

国家工商总局．《关于滥用知识产权的反垄断执法指南（国家工商总局第七稿）》公开征求意见的公告［EB/OL］．［2016-12-05］．http：//www. saic. gov. cn/zwgk/zyfb/qt/fld/201602/t20160204_ 166506. html.

争执法局公开的《关于滥用知识产权的反垄断执法指南（第七稿）》等都从反垄断的角度对标准专利的信息披露、禁令使用、许可费率等问题及认定标准作出了明确和清晰的规定。①

最高人民法院通过司法解释也在标准专利规制方面作了相关探索。在其 2014 年 7 月 31 日发布的《最高人民法院关于审理侵犯专利权纠纷案件应用法律若干问题的解释（二）（公开征求意见稿）》中，第二十七条②规定了标准必要专利的披露义务、计算许可费的程序性标准、参考因素，还有能够禁令提起的条件等③，此意见稿对明确权利人的披露义务、明晰许可费程序标准等都具有

---

① 其在第二十八条规定：涉及标准制定和实施的垄断行为，"经营者不得在行使知识产权的过程中，利用标准（含国家技术规范的强制性要求，下同）的制定和实施从事排除、限制竞争的行为。具有市场支配地位的经营者没有正当理由，在标准的制定和实施过程中实施下列行为，会排除、限制相关市场的竞争：（一）在参与标准制定的过程中，故意不向标准制定组织披露其权利信息，或者明确放弃其权利，但是在某项标准涉及该专利后却对该标准的实施者主张其专利权；（二）在其专利成为标准必要专利后，以不公平的高价许可其标准必要专利，不公平高价的判定方法可参见本指南第二十三条的规定；（三）在其专利成为标准必要专利后，实施拒绝许可、搭售、差别待遇，或者在交易时附加其他的不合理交易条件等排除、限制竞争的行为；（四）在其专利成为标准必要专利后，滥用禁令救济或者诉权强迫被许可方接受其提出的各种不合理的交易条件"。

② 第二十七条规定，非强制性国家、行业或者地方标准明示所涉专利的信息，被诉侵权人以其实施该标准而无需专利权人许可为由主张不构成专利侵权的，人民法院一般不予支持。但是，专利权人违反公平、合理、无歧视的原则，就标准所涉专利的实施许可条件恶意与被诉侵权人协商，被诉侵权人据此主张不停止实施行为的，人民法院一般应予支持。

标准所涉专利的实施许可条件，应当由专利权人、被诉侵权人协商确定；经充分协商，仍无法达成一致的，可以请求人民法院确定。人民法院应当根据公平、合理、无歧视的原则，综合考虑专利的创新程度及其在标准中的作用、标准所属的技术领域、标准的性质、标准实施的范围、相关的许可条件等因素，确定上述实施许可条件。

法律、行政法规对实施标准中的专利另有规定的，从其规定。

③ 秦天雄．标准必要专利许可费率问题研究［J］．电子知识产权，2015（3）：84-89.

启示作用。2016年3月，最高人民法院正式发布的《最高人民法院关于审理侵犯专利权纠纷案件应用法律若干问题的解释（二）》在第二十四条①就标准必要专利的禁令问题作了专门规定，删除了前述意见稿第二十七条中“恶意协商”的规定，将协商实施许可条件的重点放在了对专利权人是否违反了公平、合理、无歧视的许可义务，还有第二十六条对禁令的使用条件规定为谨慎的态度等，此司法解释效力也仅局限在且仅能在司法层面适用，因而建议未来在法律层面对标准必要专利的行为予以规制。

（二）我国标准必要专利构建反垄断制度的建议

我国现阶段在专利标准化问题中属于中低端状态，因而需要发达国家的技术、专利、标准的输入，从而免不了出现被动局面，更是难以出现世界标准化组织推广的标准。例如，20世纪初的VCD案件几乎使我国该行业遭受“灭顶之灾”。在此背景下，应考虑标准专利滥用行为对市场竞争损害的规制思路。

首先，明晰对利用标准专利产生的滥用行为的规制标准和惩罚后果。标准专利权人对专利的使用应当依据合理限制原则，对其在标准专利使用过程中的行为进行具体分析，例如，根据前面所分析，我国《标准化法》《反垄断法》《专利法》中都对标准专利滥

① 第二十四条规定，推荐性国家、行业或者地方标准明示所涉必要专利的信息，被诉侵权人以实施该标准无需专利权人许可为由抗辩不侵犯该专利权的，人民法院一般不予支持。

推荐性国家、行业或者地方标准明示所涉必要专利的信息，专利权人、被诉侵权人协商该专利的实施许可条件时，专利权人故意违反其在标准制定中承诺的公平、合理、无歧视的许可义务，导致无法达成专利实施许可合同，且被诉侵权人在协商中无明显过错的，对于权利人请求停止标准实施行为的主张，人民法院一般不予支持。

本条第二款所称实施许可条件，应当由专利权人、被诉侵权人协商确定。经充分协商，仍无法达成一致的，可以请求人民法院确定。人民法院在确定上述实施许可条件时，应当根据公平、合理、无歧视的原则，综合考虑专利的创新程度及其在标准中的作用、标准所属的技术领域、标准的性质、标准实施的范围和相关的许可条件等因素。

法律、行政法规对实施标准中的专利另有规定的，从其规定。

用行为进行了相应的规定，并且2017年3月国务院反垄断委员会发布《关于滥用知识产权的反垄断指南（征求意见稿）》更是在其中提到了关于标准制定过程中涉及滥用行为的考虑因素，以及经营者联合行为排除竞争等考察因素。调整标准必要专利主要依靠《反垄断法》规制，却由于其中第五十五条仅是对于知识产权滥用的基本原则规定，缺乏执法认定细则和实操性，被诟病为“没牙老虎”。2015年8月开始实施的《关于禁止滥用知识产权排除、限制竞争行为的规定》，由于仅为行政规章，其法律效力阶层也较低，应当在法律层面作详细规定予以规制。2011年到2013年，中国标准专利第一案——华为与美国交互集团诉讼案，使对标准专利滥用的探讨开始成为热点。特别是当标准必要专利权人依标准带给其市场支配力量时，基于逐利心态更是容易滥用这种市场支配力量和地位，损害标准使用人的合法权利，这种行为也损害了消费者权益，损害了竞争，进而损害了社会公共利益，因而应当根据维护公共利益原则对其滥用行为予以规制和限制使用范围，注重公共利益与私权之间的利益平衡。也就是说，一方面，应使法律所确认的专利权人基于专利享有的权利和权益与社会整体对于标准应提供的公共利益之间的需要相一致；另一方面，当标准专利权人其个人权利与基于标准的公共产品产生的社会利益发生矛盾和冲突时，就需要在专利权人其个人权利与维护社会公共利益边界之间寻求一个最佳平衡点，必须确定个人之“应有”与“应得”的权利边界，以及社会公共利益之边界确定标准。因而《反垄断法》更要正面应对和规制该问题。具体可对拒绝许可、歧视行为、高价许可的认定和适用条件及专利许可费的分析方法、举证责任、“专利丛林”等予以详细规定，还有如美国和欧盟的“安全港”“安全地带”即除外条款作出说明和规定，以达到拾遗补缺的效果。

其次，针对我国标准专利仍处于发展中的情况，应当在多领域强化标准专利滥用的规制。不仅要在立法中明晰标准的出台的清晰化、明确化和对其反垄断的要求，而且要求在标准行政执行的过程中严格监控是否出现了权利滥用行为；同时，也不能仅仅依靠立法，应该执法和宣传齐抓共管，目的是实现我国对标准专利滥用的重视和重点规制，提高执法的清晰度，为市场提供明确的合理预期，引导经营者正当行使标准专利权。标准专利权人更是应当秉持诚实信用原则在法律规定下正当使用标准专利权，并且在使用中应对其标准专利权的具体内容进行登记明示，以防在与专利使用人谈判过程中夹杂非专利技术，在专利技术中抬高价格甚至利用过期的专利仍向使用人主张专利价格等行为。另外，立法仅仅是规制标准专利中的一环，要明确保留市场自由发挥活力的空间，即注重“第一只手”自身的调节作用。最终，通过立法构建的经济生活秩序最后还是要经过市场检验认可，因而要在利用立法构建经济秩序的同时，重视市场秩序的自我完善机制。

本章小结

各国法律主要从标准制定出台环节及标准具体实施环节对标准专利进行反竞争规制。在立法对标准专利的规制上，本章认为在适用专利法、行政规章、司法解释调整的同时，更重要的是运用《反垄断法》对标准专利进行调整和规制。

本章认为专利纳入标准后极易产生知识产权滥用行为，从而损害竞争。通过对专利纳入标准后对竞争的不利影响进行考察，本章研究了标准专利的行使会产生超越权利外部边界的反竞争行为和接受《反垄断法》调整的标准专利的考察因素，提出了规制标准专利的建议。本章对现行标准化管理法律状况进行梳理，建议将标准专利规制法律法规综合化，并提出了一些对《反垄断法》针对标准专利规制的修改建议。

第四章　外观设计与著作权、商标权的权利边界

知识产权权利多重保护是指知识产权中不同权利落在同一客体上的情形。如果是同一客体由同一权利人享有多重不同类型知识产权的情况即为知识产权权利重叠；如果是不同的民事主体对同一客体分别享有不同类型知识产权的情况则是知识产权权利冲突。

对于外观设计保护已经形成了一种网络式保护，即外观设计在专利保护的同时，亦可依据《著作权法》《商标法》《反不正当竞争法》的网络式保护。《著作权法》的保护意义在于自动保护，保护条件要求较低，保护期更长；《商标法》保护的意义在于使外观设计通过注册成为立体商标，获得更长久的保护甚至是永久保护，并且使外观设计排他力更强；通过《反不正当竞争法》的保护可以对外观设计起到补充保护的作用，例如对于过了专利保护期的外观设计可寻求《反不正当竞争法》知名产品包装、装潢保护要求。

上述对外观设计的多重保护引发了外观设计与著作权、商标的权利冲突，对于权利人来说，对外观设计专利到期后能否申请商标或是著作权或是知名产品包装、装潢的保护；这种多重保护是否属于过度保护；对公权是否会造成损害；是否对其规制都是本章研究的内容。

第一节　外观设计与著作权、商标的权利冲突

一、外观设计与美术作品、实用艺术作品的关系

（一）外观设计与美术作品、实用艺术作品的联系

我国《专利法》规定，外观设计指的是对产品的形状、图案

或者其结合以及色彩与形状、图案的结合所作出的富有美感并适于工业应用的新设计。① 根据我国对外观设计的定义描述，说明外观设计专利有以下三个特点：一是依附于一定的产品，对其有强烈的依赖性，以工业品为载体，且与工业生产紧密结合；二是与专利权其他两种客体相比，其拥有美感，是造型、图形或者造型与图形的结合以及色彩与造型、图形的三者的结合，目的是满足人们对于产品外观在视觉上的审美享受；三是外观设计应当适于工业应用，即具有再现性，可以通过工业手段复制。

我国《著作权法实施条例》第四条规定："美术作品是指绘画、书法、雕塑等以线条、色彩或者其他方式构成的有审美意义的平面或者立体的造型艺术作品。"② 我国法律对美术作品只是做了归纳性的概念解释，缺乏对美术作品的具体分类以及美术作品具体包括内容的明确规定，只是要求美术作品具有艺术性，能够运用美术绘画方式表现出作者认为的某种内涵或美感，从而表达作者的想法，以满足人们的精神需求。

2014 年 6 月，《著作权法（修订草案送审稿）》明确了对实用艺术作品强调仅限定于玩具、家具、饰品等具有实用功能的物品，并在实用基础上要求具有审美意义，可以是平面或者立体造型，最终归属于艺术作品；对于实用艺术作品给予其自首次发表后 25 年财产权的保护期。实用艺术作品是兼具实用性和艺术性的作品，是《伯尔尼公约》规定的保护对象之一。世界各国普遍提供实用艺术作品的法律保护，而我国在这个领域有一定的"滞后性"，此次在送审稿中填补了法律空白，当然也存在许多理论及实践方面需完善的空间。

我国对外观设计的保护，目前是用《专利法》来保护，不过在工业品外观设计领域中，将一些美术作品或摄影作品应用于产品外观设计的情形经常出现，以及外观设计专利在兼具实用性之外，还附有美感和艺术感，那么这种情况下该外观设计可能同时以三种

---

① 《中华人民共和国专利法》（2008 年）第二条。

② 《中华人民共和国著作权法实施条例》（2013 年）第四条。

身份获得法律保护，即以美术作品身份获《著作权法》保护，又可以实用艺术作品身份获得《著作权法》保护，以及以外观设计身份享有《专利权法》保护。因此，该类外观设计既可以通过《专利法》又可以通过《著作权法》选择主张产品专利权或作品之著作权获得保护。也就是说，该类外观设计的特殊性在于，就其外观设计整体而言，属《专利法》保护的客体，可通过外观设计专利权获得垄断性保护，而该设计所涉作品则通过著作权获得非排他性保护。不过，《专利审查指南》第一部分第三章对于外观设计所保护的客体进行了较清晰的梳理，将美术、书法和摄影作品明确排斥在外观设计范围之外。这里需要明晰的是对于美术作品的界定问题，由于现行法律法规缺乏明确解释，因而产生了较多关于何为美术范畴作品的争议。可以这样理解，单纯的美术作品更强调作者精神层面的意思表达，是作者通过其作品赋予的精神理念与外界的一种表达或交流，而外观设计也注重与使用人之间的交流，但这种交流更多是在美感、图案、造型三者结合的基础上所做的，就笔者理解，单就思想而言，美术作品更注重或者说是作者感性思想的表达和与读者的精神互动，因而笔者认为，外观设计专利与美术作品在立意、思想表达、总体艺术价值等都不尽相同。外观设计专利产品首先更注重的是产品设计是否具有美感，以及这种美感的工业化运用。可以这样理解，如果作者仅为了精神理念的思想表达，那么就是纯美术作品；如果是在产品设计的思想表达基础上还有装饰和造型作用，那么这就是外观设计产品。

实用艺术作品与外观设计产品由于两者起点都始于产品，因而比起美术作品，两者更加相似。《伯尔尼公约》第二条第七款就将“实用艺术作品与工业品平面和立体设计”归并讨论。① 《美国法典》第十七编第一百零一条规定了实用物品设计应依据法律原则，即必须“在设计与绘画、图形或者雕刻特征融为一体的情况下”，

① 《伯尔尼公约》第二条第七款规定：“……本同盟各成员国得通过国内立法规定其法律在何种程度上适用于实用艺术作品以及工业品平面和立体设计，以及此种作品和平面与立体设计受保护的条件……”

但是这些组成特征又同时能够被单独识别出来，并能与该物品的实用性互相单独存在时，才被看作实用艺术品。外观设计专利与实用艺术品都追求一定的艺术性，且这种艺术性被要求运用到生活和生产中，因而要将两者区分开来并厘清两者之间的关系有一定的困难。① 笔者认为，外观设计工业产品更注重产品本身的刻意包装，而这种包装的设计更希望通过美感使普通消费者具有购买的欲望，同时能借此推广自己的品牌，对于产品的艺术高度也只要求这种设计具有一般美感即可。实用艺术作品是个别为手工塑造但有些却可以通过机械化生产批量复制的作品，以艺术价值为标准则认为实用艺术作品应当高于外观设计产品，外观设计作品更在乎新颖性和独创性。根据《专利法》第二十三条第二款，外观设计要求与现有设计有明显区别，这是对外观设计注册增加了独创性的判定条件，审查上也越发严格。

实用艺术作品获得著作权保护，一般认为应当具备以下几种特点：一是艺术性，也是与一般工业产品相区别的本质要求，而且这种艺术性要求较高，应给人以较高的艺术观感；二是实用性，也就是说该物品能具有使用的效果，否则该物品仅可以主张为美术作品予以保护；三是作品的独创性和可复制性，独创是作品之本，这种独创是一种创作高度的表达。因而可以总结，对于某设计物品想获得实用艺术作品的要求较高。例如，比较不同阶段的乐高案可以看出，与乐高 1999 年案相比，乐高 2010 年案对于独创性、艺术性高度要求更高了。这一方面当然是基于对《著作权法》中对实用艺术作品认识和保护要求的进一步深入，当然也不排除由于 20 世纪 90 年代类似设计还相对较少，因而有加强保护的因素；另一方面如果不对独创性和艺术性要求较高，那么该类设计很容易获得保护，也就很容易形成垄断。

（二）外观设计与著作权的权利冲突

1. 外观设计与著作权的权利冲突原因分析

---

① 罗伯特·P. 墨杰斯．新技术时代的知识产权法［M］．北京：中国政法大学出版社，2003：308.

外观设计和著作权都属于知识产权范畴，但是两者建立的权利体系并不相同，例如著作权注重保护作者的精神权利和经济权利，相对而言，外观设计权保护专利权人的经济权利，如独占使用、转让权、许可权、标记权等。但因为两者保护的客体有相似和重叠部分，因而著作权中实用艺术作品权利人复制、发行、出版等权利与外观设计权利人制造、销售等权利在某些方面有相似之处，就会出现双重保护现象，而如果权利人为同一人，那么就属权利重叠，如果权利人分属不同人，就属于权利冲突。

专利权与著作权发生冲突主要表现在外观设计与实用艺术作品上，这种冲突方式有两种：一是将他人实用艺术作品的一部分申请外观设计专利；二是将自己的实用艺术作品全部或部分申请外观设计专利。那么前一种情形就是权利冲突，后一种情形就是权利的重叠。发生这种矛盾，笔者认为有以下几点原因：

第一，外观设计专利权与实用艺术作品存在交叉部分。上节已经提到，外观设计专利是造型、图形或者其结合，或是造型、图形、颜色的三者组合后“诞生的”具有美感的新设计，这种新设计体现了创作者的思想感情，这与实用艺术作品独创性具有相似性，例如实用艺术作品完成时，作者就具有了著作权，如果此时作品因为能适用于工业生产，作者就又变成专利权人，经申请可能获得外观设计专利权，那么此时就是两种权利重叠于同一权利人，如果两者并非同一权利主体，此时便产生权利冲突。

第二，外观设计专利与实用艺术作品权利取得程序、要求不同导致了权利冲突产生。实用艺术作品著作权权利获取方式为“自动取得”，没有履行相应手续的要求。作品自完成之日就取得著作权之保护，当然为了更好地保护著作权，可以将自己的著作权予以登记来表明自己的权利属性以及防止侵权。而外观设计专利取得必须登记且要经过较长时间的审查、核准。如果著作权人认为该外观设计专利权人侵犯了自己的合法在先著作权，而外观设计专利权人认为自己的外观设计专利权是合法取得的，并没有侵犯实用艺术作品权利人的著作权，那么著作权与外观设计专利间的权利冲突就产生了。

第三，判断标准不明晰增加了发生权利冲突的机会。由于实用美术作品和外观设计专利现在还缺乏具体的判断标准和区别原则，因而如果在《著作权法》修改后可能就会出现权利重叠的情况或外观设计专利与实用艺术作品冲突的情况。

除上面所说的原因之外，权利人还可能考虑一些其他因素，例如外观设计专利权需要申请并获批准后方能获得，每年还需缴纳年费，同时还有被无效的可能性；著作权自然取得，无需缴费，也不存在被无效的说法。还有保护时效，外观设计专利权为申请日起算的 10 年，实用艺术作品著作权中财产权的保护期为首次发表后 25 年。从以上区别来看，著作权更容易取得，权利更稳定，并且保护期限更长；外观设计专利更易举证权利，垄断力更强，正因为如此，著作权与外观设计会产生权利冲突。

2. 外观设计与著作权的权利冲突案例分析

“三茂公司案”① 是外观设计与著作权冲突的典型案例。原告三茂公司首先通过著作权委托设计合同约定该公司获得受托人设计的香麻油包装标贴的著作权，随后，三茂公司将该标贴申请到了外观设计专利，但是由于三茂公司未连续缴纳专利年费，从而失去了外观设计专利权。之后，被告永隆商行将其标贴用在自己的香麻油产品上，由此冲突产生。三茂公司辩称虽然自己拥有的外观设计专利已经过期，但是，其认为标贴具有创作性，应当属于美术作品，仍然享有著作权法对作品保护的权利，要求对方停止侵权。“三茂公司案”表明了当同一客体归属于两个不同的权利人时，行使权利产生冲突的可能性，也表明了当同一主体在同一客体上同时拥有两个权利状态而引发的以侵犯任意权利为由的不当获益诉讼行为。

2005 年，法国美誉国际公司与汕头市佳柔精细日化有限公司就男女人体形状香水瓶案在北京市第二中级人民法院进行审理。第

---

① 深圳王三茂食品油脂有限公司与深圳市福田区永隆商行著作权侵权纠纷案（深圳市中级人民法院［2004］深中法民三初字第 670 号）；深圳王三茂食品油脂有限公司与深圳市福田区永隆商行著作权侵权纠纷上诉案（广东省高级人民法院［2005］粤高法民三终字第 236 号）。

一审案件原告美誉国际公司诉讼称被告汕头市佳柔精细日化有限公司产品女士和男士香水外包装与其旗下设计师琼·保罗·戈尔捷设计的“着紧身衣女性上半身人体造型”和“着海魂衫男性上半身人体造型”实用艺术作品相同。原告在中国申请了注册商标和外观设计，并获得相应权利。但其诉讼要求却“剑走偏锋”认为被告侵犯了其实用艺术作品权，但是，法院以原告应当为设计师本人为由，认为法国美誉国际公司为不适格原告，从而原告败诉；2006年，设计师琼·保罗·戈尔捷以侵犯其本人著作权为由提起诉讼，北京市高级人民法院支持了其主张。① 本案引发的思考在于：原告在同一客体上同时拥有专利权、著作权、商标权，对方侵犯的到底是什么权？怎样区分几种权利之间的差别？权利人拥有的权利是否有边界，怎样设定界限？这样的多重保护是否有违知识产权法制度设计的初衷。

二、外观设计专利与立体商标的关系

（一）外观设计专利与立体商标的联系

根据《商标法》第八条，我们知道商标申请可以是文字、图形、字母、数字、三维标志和颜色等单独要素或这些要素的组合，其目的是区别他人的商品，是一种可视标志。其中对于单纯的三维标志，抑或三维标志与文字、图案等要素再合并而形成用于区别商品或服务的来源的商标，统称为立体商标。从功能设定角度，外观设计专利与立体商标是没有联系的，因为一个是属区别功能，外观设计目的是将设计进行工业生产，但是因为两者在组成上均包含造型、图形甚至颜色等要素，因而就可能出现一种立体造型，既是外观设计又是立体商标。比如，一个外观设计如果具有了能够区分产品来源的功能，又兼具美感和独特性，此时外观设计就可以同时获

① 法国美誉国际公司诉汕头市佳柔精细日化有限公司侵犯著作权及不正当竞争纠纷案（北京市［2005］二中民初字第6864号）、（北京市［2005］高民终字第1564号）、琼·保罗·戈尔捷诉汕头市佳柔精细日化有限公司等侵犯著作权纠纷案（北京市［2006］二中民初字第7070号）。

得以立体商标来保护。

立体商标注册仍然有禁止性要求和必为性要求。禁止性要求在于不可使用《商标法》禁止标志作为商标注册，亦不得违背公序良俗等。必为性要求即要求商标具有显著性，而显著性在我国使用的是禁止性条款，即在《商标法》第十一条中用排除的方式表明哪些情况不具有显著性，这种方式比正面规定显著性更加容易确定其显著性标准。而获得显著性的方式有两种：一是固有显著性，二是获得显著性。两者的区别在于前者是文字、图形、颜色等组合与产品本身没有特定、直接的联系，后者是某非固有标准长期使用后具备了显著特征。对于立体商标而言，因为商标本身的特征导致自身难以获得固有显著性，应而往往通过获得方式具有显著性。

外观设计是立体的造型、图形、色彩的组合，那么此时与立体商标的形状出现了重叠的地方，因此，立体造型成为外观设计和立体商标同时获得保护的客体，实践中就会出现外观设计与立体商标在保护上出现交叉与重叠。可以这样理解，当一件具有形状、图案及颜色结合所作出的产品设计，同时符合《专利法》所要求的新颖性、美感，具有工业实用的延伸性，又获得了商标的显著性时，就可能获得两种权利的多重保护。例如，瑞士军刀的指定生产厂厂家之一的（瑞士）Victorinox 公司生产了一种“信用卡”式的组合刀具，这种刀具可以放入随身钱包中，既隐蔽，又可以防身，兼具美感，因而申请了外观设计。但是，该公司于 2001 年 6 月 15 日在国际注册分类第 8 类“手工具、刀子、钳子等”商品、第 14 类“珠宝、钟表等”商品、第 20 类“塑料制盒子、手工具的盒等”商品上，又为该“信用卡”式组合刀具申请了立体商标国际注册，并指定延伸到中国。那么，该刀具设计在我国便同时拥有了外观设计专利权和商标权，成为权利多重保护状态。

（二）外观设计与商标的权利冲突

1. 外观设计与商标的权利冲突原因分析

商标权与外观设计专利权的冲突，是指在同一客体之上同时存在外观设计专利权与商标权。这两种权利分属不同的权利主体，然而一种权利的存在或行使很有可能会给另一种权利的存在或行使带来不利影响，最终发生权利冲突的现象。发生这种现象的原因笔者认为有以下几种：

第一，保护对象的相似性。外观设计是立体造型，从设计上说具有美感或者艺术性、装饰性，而立体造型就会与立体商标的具有三维空间结构的特性相似，因而立体商标与外观设计在外形上存在相似性。从功能上讲，商标本质属性是用以识别商品和服务的来源，但是由于外观设计与立体商标的外形具有相似性，不排除外观设计专利也会使消费者对来源予以区分，比如景田百岁山矿泉水瓶，消费者只要看到瓶子不用看商标就知道该产品为景田百岁山矿泉水。因而外观设计与立体商标在外形和功能上的相似性容易引起具有不当使用目的经营者将外观设计申请为商标使用，从而产生侵权现象。

第二，权利取得制度不同。我国对实用新型和外观设计专利实行初步审查核发专利制度，不进行实质审查，因而外观设计申请审批时间通常为 3~6 个月；立体商标注册要进行检索，查看是否与其他在先商标相同，《商标法》第三十二条规定不得与他人在先权利相冲突，但是对“他人在先权利”冲突没有相应检索方式，只有相关权利人通过第三十三条公告异议阶段提出要求，如果在先权利人没有发现，则很有可能会被注册，只能在之后的救济程序中寻求帮助，从而“有心人”可能就会利用两种审查制度的不同，即外观设计不进行实质审查就将他人已有的注册商标申请外观设计使用，或是利用立体商标不进行其他合法在先权利审查之“漏洞”申请为外观设计使用，或者是利用“时间差”即将他人还在申请注册中的商标申请为外观设计专利谋取利益。

第三，法律分散保护系统。与中国一样，世界上大多数国家对于知识产权权利客体的保护是通过分散性立法方式进行保护，由于缺乏统一的知识产权法典，因而各个法律对相应权利取得条件、形成方式、保护期限、权利范围等都各不相同，无法形成较好的衔接关系，当然知识产权保护对象的日益融合性和保护客体的扩大化也是其中一部分原因。另外，我国的知识产权行政执法部门也各不相同，知识产权的整个制度体系缺乏协调性也是导致权利冲突频发的因素。

2. 外观设计与商标的权利冲突表现

外观设计与商标的权利冲突主要表现在以下三个方面：

第一，把他人的外观设计作为本人立体商标申请，产生权利冲突。

这样的做法主要是利用知识产权法律规定的分散性和行政管理部门的分散和对客体管理的不统一的制度“空隙”而为之。例如将他人已经形成了较有市场影响的外观设计中含有的图案或者是文字注册，或者是采用相似的图案、文字、性质、色彩进行注册。对于消费者而言，产品包装的色彩和图案更会给人以产品来源的提示，因此会忽略商标的存在，此时，如果将他人的外观设计专利申请为自己的商标，那么只要获得商标局的批准，就会产生权利冲突。

第二，将他人的注册商标申请为自己的外观设计专利，以对抗他人商标专用权。

例如，著名的“果真”案、“老干妈”案都是商标权与外观设计专利权之间的权利冲突，将他人已经拥有商标的文字或图形进行外观设计专利注册，主要是因为专利局对外观设计专利申请仅进行形式审查，因而如果别有用心者利用这种形式的“方便”进行申请，往往都可能获得批准。

第三，由于外观设计和商标的保护期限不同产生的权利冲突。

在我国，外观设计专利保护期限是从申请日起算的 10 年（2014 年《专利法（送审稿）》建议将外观设计专利保护期延长至 15 年），10 年期届满后，外观设计进入公有领域，任何人都可无偿使用。《商标法》对商标的保护期限也是 10 年，但前提是该 10 年可以续展，并且是无限次续展，因而理论上可能出现永久保护。倘若在外观设计专利的同时又申请了商标，在外观设计过期后，又落入《商标法》的保护范畴，外观设计便不会出现在公有领域，从而产生私权与公权之间的权利冲突。虽然，根据《商标法》第十二条，立体商标非功能性特征不得是为获得技术效果产生的商品形状或具有实质性价值形状，也就是说，具有显著功能外观设计不可注册为立体商标，但是如果具有了商标的显著性，使产品与商标间建立了联系，则可认之。例如，可口可乐流线型弧度饮料瓶原本是申请了外观设计专利，后来产品被消费者熟知，从而该瓶身获得了立体商标显著性注册要求，受《商标法》保护。

前面两种权利冲突表现方式，可根据2008年《最高人民法院关于审理注册商标、企业名称与在先权利冲突的民事纠纷案件若干问题的规定》，从保护在先权利人的合法利益为法律之价值判断，但只是司法解释，也就是从“补漏”角度进行救济。第三种冲突则表现在本应当进入公有领域的外观设计，任凭公众任意使用该过期外观设计，但是由于外观设计专利权人又注册了立体商标，那么相当于权利人获得了多重保护，也就是权利人可以自由地“游走”在不同的单行部门法下，利用相关的救济条款对抗在后的使用行为，从而对知识产权就其智力成果、商业标记的保护权利的界限提出保护边界的疑问。

三、外观设计专利与商业标识的关系

（一）外观设计专利与商业标识的联系

根据2016年2月《中华人民共和国反不正当竞争法（修订草案送审稿）》第五条中规定，“商业标识”① 概念将以往的知名商品特有包装装潢包含在内，采用了一般描述加列举方式的定义方法，并将一些新型具有辨识经营者的标识、标志囊括在内，而商品形状、包装也并入到该概念中得到《反不正当竞争法》的保护。

在美国商标法判例中将相似概念定义为“商业包装”（Trade Dress），美国联邦法院指出，“商业包装定位于商品给人的整体形象或者整个外观，包括诸如大小、形状、色彩或颜色的组合、质

① 《中华人民共和国反不正当竞争法（修订草案送审稿）》第五条第二款规定，本法所称的商业标识，是指区分商品生产者或者经营者的标志，包括但不限于知名商品特有的名称、包装、装潢、商品形状、商标、企业和企业集团的名称及其简称、字号、域名主体部分、网站名称、网页、姓名、笔名、艺名、频道节目栏目的名称、标识等。

地、图形，甚至包含特定的销售技巧等特征”。①

世界知识产权组织（WIPO）在《反不正当竞争示范条款》（*Model Provisions on Protection Against Unfair Competition*）中将商业标识放在第二条述要中加以保护，但并未大规模使用“商业标识”一词。该示范条款关于商业外观的表述包括“商业标识”和“产品外形”“商品或服务的表征”，前者包括传递商品、服务的符号、包装、形状、颜色或者广告短语等，其他非功能性特有的特征，且与工业设计的混淆也被纳入该范围；后者包括企业的工作服和店铺风格等。② 而“商品或服务表征”与美国商业包装（Trade Dress）类似。

商业标识的保护内容包括商品的外包装、容器、包装、装潢等，而其种形状和构造以及与形状、构造与颜色组合而成的包装、装潢等与外观设计产品保护的图案、形状及图案、形状与色彩的组合特征有相似之处，就决定了《反不正当竞争法》项下的合法权益由于保护客体对象的相似性而与外观设计专利权间产生权利冲突。

（二）外观设计与商业标识的权利冲突

外观设计专利与商业标识也会因为相似的保护特征类型，或全部，或部分成为不同权利的客体，从而出现权利冲突。商业标识所有人也可能为了保护自己的商业标识而同时采取多种保护方式，而这使得权利冲突更容易发生。由于商业标识会为广大公众所知悉，从而丧失新颖性而无法被授予外观设计专利权，因此，外观设计与商业标识的权利冲突发生情形只能发生在某种商品形状、图案组合或与颜色再结合后先获得外观设计专利权，之后商业标识（知名商品特有的名称、包装、装潢、商品形状）才能得到《反不正当竞争法》的保护，例如某产品的包装、装潢在设计之初就因为具

① John H. Harland Co. v. Clarke Check, Inc., 711 F. 2d 966, 980 (11th Cir. 1983).

② 孔祥俊．反不正当竞争法新论［M］．北京：人民法院出版社，2011：841.

有新颖性、美感和实用性而获得了外观设计专利，在之后的经营中因为广受消费者欢迎而具有了知名度，人为地建立起消费者心目中商品外观与商品之间的消费联系，那么这种商品外观在以外观设计专利获得《专利法》保护的同时又可认定为知名产品包装、装潢受到《反不正当竞争法》的保护。例如著名的中韩晨光公司的外观设计多重保护纠纷案就是代表。

根据两项权利保护时间可以得知，在此双重保护下的商业标识权利人就可以在外观设计 10 年保护期届满后，以主张商业标识的保护方式享有时间上的永久保护且不需要缴纳专利保护年费，利用这种权利多重保护方式，该种外观设计就永远不会进入公有领域。

探究外观设计专利与商业标识，与著作权、商标权发生权利冲突的原因，都是因为法律保护对象有一定的相似性，法律分散保护系统，以及商人天然的逐利本性导致出现权利冲突的状态。

根据以上分析，外观设计专利首先因为新颖、美感获得了《专利法》保护，如果设计者的思想具有独创性就可以获得《著作权法》的保护；又因为客体中形状、图案或二者结合或色彩、形状、图案的结合能够使消费者认知后具有区分商品来源的功能，就又具有了显著性，从而以立体商标身份进入《商标法》保护范围；再如果由于消费者长期使用这种商品外观、形状、颜色的结合，使消费者因此产生信赖，成为知名商品，那么就可属于《反不正当竞争法》的保护范围。

又如，某种饮料瓶外观造型非常独特，作为具有独创性的实用艺术品，它可以获得著作权保护；如果具备新颖性，它也可以申请外观设计专利注册；进一步而言，如果该外观造型能使其饮料与其他同类产品加以区别，那么还可以申请商标注册。在这种情况下，针对同一客体就可能会出现著作权、外观设计专利权与商标权的三重保护。也就是说，某权利人可能同时享有多个法律对同一个客体的保障，而产生一主体同时拥有多个权利的权利多重保护状态，也可能出现一个客体落入多个法律保护范畴，获得相关权利，但这些权利归属于不同主体，由此产生多权利冲突状态。

第二节　工业品的知识产权多重保护问题分析

专利法给予外观设计专利人提供的保护是一种禁止他人制造销售相同、相似外观设计产品的权利；著作权法给实用艺术作品作者提供的是一种未经其许可，禁止他人复制、展览的实用艺术作品权利；商标法给予立体商标权利人提供的是禁止他人混淆来源其商标商品的权利；反不正当竞争法给予商业标识权利人提供的是禁止他人混淆其商业标识，损害知名商品商业信誉的权利。外观设计客体的相似性带来的多重保护问题，很多国家对此持限制性保护态度，只有法国等少数国家完全承认外观设计和著作权的双重保护。就此问题，笔者首先把外国法律进行比较探究，在此基础上探讨外观设计在中国多重保护解决问题。

一、外观设计专利权与其他知识产权边界的比较法研究

（一）法国

法国完全承认外观设计和版权的双重保护，即是承认给予外观设计多重保护的少数国家之一，确立了一切工艺品的外观设计都享有版权，体现了绝对双重保护原则，即享有某项能够受到外观设计保护的工艺品，同时被版权法认可为艺术品予以保护。当然，这个多重保护的立法出台也是经历了一番波折。从 1806 年法国首先颁布了工业品外观设计专门法，给工业品以外观设计保护，之后司法实践中产生了保护客体多重保护问题，即如果有些美术创作成果已经得到了外观设计专利法的保护，是否应根据 1793 年《法国版权法》拥有版权并受到该法保护？法官首先运用了“纯艺术性”概念为标准，意味着艺术作品应该具有“纯艺术系”，从而认为可以区分两部法律在外观设计与实用艺术作品上的界限，但之后他们发现，几乎一切能够付诸工业应用的、受工业品外观设计专门法保护的外观设计都不缺乏纯艺术性的一面。① 当然法官们也寻找过其他

① 郑成思．WTO 知识产权协议逐条讲解［M］．北京：中国方正出版社，2000：99.

一些能够作为划分依据的标准线，但是答案都不能解决问题，因而1902年《法国版权法》规定，一切工业品外观设计甚至于包括已经受到工业产权法保护的外观设计在内，都可以作为作品接受版权法的保护，并享有版权。至此，双重保护原则在法国得以确立。

（二）美国

美国同我国一样并未制定专门的外观设计保护法，主要是通过专利法来实现对外观设计的保护。但美国的版权法、商标法、反不正当竞争法都有可能为外观设计的权利人提供保护，只是必须满足特定的条件。美国在处理外观设计权利冲突问题时，值得一提的首先是专利权与版权即外观设计与实用艺术作品的冲突解决方法，其次是专利权与商标权的冲突问题解决方法。

在专利权与版权冲突解决上，美国法院提出了“分离特性与独立存在”理论①。1954年美国最高法院“梅泽案”（Mazer. VS. Stein）② 是奠定该理论的里程碑式案件③，裁定灯座上的浮雕可以与灯座相分离，浮雕作品可得到版权法保护。之后，在1979年，“分离特性与独立存在”原则融入法律，即《美国版权法》（*Copyright Law of the United States*）第一百零一条④。该条意将实用性与艺术

① “分离特性与独立原则是指，如果物品的唯一内在属性是其实用功能，即便该物品具有独特并吸引人的外形，它也不能视为艺术作品。若实用物品的外形设计具有一些诸如艺术雕塑、雕刻、图形等特征，并且其所具有的独特外形设计又能够作为艺术品被分离出来而独立存在，那么这些独特的外形特征可以获得版权注册。”陈剑玲．美国知识产权法［M］．北京：对外经济贸易大学出版社，2012.

② Mazer v. Stein, 347 U. S. 201 (1954).

③ 1954年美国联邦最高法院审理的Mazer. VS. Stein一案，确立了“分离特性与独立原则”。该案原告起诉被告擅自复制原告设计的人体舞蹈造型小雕像并将之用于台灯底座进行销售。法院注意到小雕像设计是一个有着身着长裙、头顶圆盘翩翩起舞的女子的灯座造型，属实用艺术作品艺术性成分，判定小雕像可以获得版权保护。

④ 1987年版《美国版权法》第一百零一条规定：“实用物品的设计，如果有可以同该物品的实用区分开来单独存在的绘画、刻印或者雕塑等特征，在这个范围内，该设计应视为绘画、刻印或者雕塑作品。”

性分离，并只保护分离后的实用艺术品，分离不开则认为属外观设计专利。但是司法实践中，这个标准实在难以把握，以 1987 年“布兰德案”为例，该案主要是关于用一根连续弯曲的铁丝制成一种丝带状自行车车架，法官最后的裁决意见书认为“这种车架设计将形式与功能巧妙结合起来，它部分出自实用考虑，部分出自审美选择，功能和审美浑然一体，在其中已找不出任何可以从物品的实用功能分离出来，独立存在的艺术因素”①。这种无法分离的结果是一审法院和上诉法院都认为其设计不属实用艺术作品，而使原告布兰德公司寻求版权法保护无效。

外观设计专利与商标权的多重保护，美国的立法态度是依据《联邦商标法》的合法使用原则，在美国的《专利审查程序手册》(MEPE) 第 1512 条②，另外，在第 15 条 76 (3) 节中规定，如果涉及注册外观设计专利是属在先商标权的使用，也必须在说明上附有在先商标权人的认可声明书及签名作为认可使用证明。在实践中，美国法院则秉持基于功能性原理分析识别性与功能性后，再区分保护方式。首先在 1992 年 Two Pesos, Inc. v. Taco Cabana ③ 一案中，美国最高法院认为，只要是商业外观具有内在识别性的，都可以如商标一样受美国兰哈姆法（包括商标法与反不正当竞争法）的保护。于是，美国各地的联邦法院均使外观设计（product configuration）也受到商标法保护。之后，联邦上诉法院在 1994 年杜拉科产品公司诉乔依塑料企业公司一案④以及 1995 年织波公司

---

① Brandir Int'l Inc. v. Cascade Pacific Lumber, Co. 834 F. 2d 1142 (2d Cir. 1987).

② 美国的《专利审查程序手册》(MEPE) 第 1512 条“IV. A 中规定：只有在有限条件下，允许在外观设计专利申请中使用注册商标，参见 MPEP 第 608 条 01 (Ⅴ) 节。而根据 MPEP 第 608 条 01 (Ⅴ) 节该部分规定，必须是依照于联邦商标法的合法利用”。

③ Two Pesos, Inc. v. Taco Cabana, Inc., 505 U. S. 763, 764 n. 1 (1992).

④ Durago Products, Inv. V. Joy Plastic Enterprises, 40 F. 3d1431 (3d Cir. 1994).

诉劳利脱格公司一案①等系列判决中，将商标法对外观设计保护无形中拉高了标准，前案确定了外观设计受到商标法保护必须达到的三条标准，后案要求对设计意图进行考察，判断是基于审美还是功能引发设计意图为标准来区分保护与否。之后在 2000 年的沃尔玛（Wal-Mart）案②，美国最高法院更是要求必须具有内在识别性为前提才对外观设计提供商业外观保护，这种内在识别性由于多数原告都无法证明，因而最后都被驳回起诉。2001 年 TrafFix Devices，Inc. v. Marketing Displays，Inc. 案，该案涉及专利权与商业外观方式的多重保护问题，原告 Marketing Displays，Inc. 对于“可在逆风中仍能使临时路标或其他室外招牌保持直立的双弹簧设计”拥有专利权，被告 TrafFix Devices，Inc. 在其专利权过期后，通过反向工程，复制并销售了与原告几乎完全相同的产品。原告由于专利过期于是从商业外观角度欲寻求商标权的保护，但美国联邦最高法院依据知识产权法沟渠原理③，即知识产权法各领域应保持相对的独立性，拒绝了原告的主张。法院判决认为，过期的专利即表明其商品形状或设计具有功能性，而功能性就被商标法排除在外，因而不再继续考虑是否具有可识别性。“必须承认，在许多情形下，商业外观的保护没有完全禁止复制商品或产品。在某些情形下允许竞争者进行复制将具有良好的效果。”④这是一种反向推测的判断逻辑，即不从可识别性正面考虑，而是从其来源考虑是否具有功能性，只要属于具有功能性就不属于该法保护范围，也就是法院仍沿用功能性原理来解决专利法与商标法的多重保护问题。

（三）德国

德国对于外观设计与实用艺术品的调整主要依据其《工业品外观设计版权法》及《德国版权法》。《德国版权法》首先保护实

---

① Knitwaves，Inc. v. Lollytogs，Ltd.，71 F. 3d 996，1003（2dCir. 1995）.

② Wal-Mart Stores，Inc. v. Samara Brothers，Inc.，529 U. S.

③ 沟渠原理，即确保知识产权法各个领域（例如专利法、著作权法和商标法）的相对独立性，有助于区别彼此保护主体的各种原理。

④ TrafFix Devices，Inc. V. Marketing Displays，Inc. 532 U. S. 23（2001）.

用艺术作品，其次对作品的独创性要求较高，其要求必须能体现艺术家的独特观点与特殊创造力，如果仅体现大众口味抑或某些时尚趋势或新颖风格，则只能将该产品归入外观设计法进行保护。①

德国在2004年之后，由于要履行《欧盟外观设计保护条例》义务，因而修改了其《工业品外观设计版权法》，称为《外观设计改革法》，并于2004年6月1日生效。之前的《工业品外观设计版权法》是1876年颁布的，这部法律中，不仅对外观设计保护较全面甚至接近版权保护模式，即要求受保护客体具有一定原创性，如果仅将某外观设计的一部分应用于工业产品上，那么一定会被当作侵权，也就是该法更偏向工业设计保护。在《外观设计改革法》中，规定对外观设计采用注册登记的非实审制度，否则不予保护，登记制也是外观设计与版权的区别方式。

由于外观设计的多重保护可能性，为了防止出现相关权利冲突，在德国《外观设计改革法》第三十四条规定了相应处置原则，即，如含有非法使用他人合法权益下可识别标识，包含版权保护作品，以及根据在先权利保护要求，而使一项外观设计注销的规定。理论上权利冲突可以与侵权纠纷在同一诉讼中解决，同意注销程序是德国外观设计保护体系中一个比较特殊的程序，此前，外观设计只有注册程序，而没有无效程序或注销程序。

（四）英国

英国对外观设计与版权的保护是从开始的分别保护逐渐转变到重复保护状态的。在分别保护阶段，由于1949年的《注册外观设计法》将有文学或艺术特征明显的产品排除在保护范围之外。之后，根据1956年《版权法》第十条的规定，以外观设计是否进行了工业应用为标准决定是否给予版权法保护，没有投入工业应用则保护，反之则排斥，其中值得注意的是，如果外观设计注册期15年到期后，版权亦恢复对其非工业应用的保护。1968年新的《外观设计版权法》规定，任何能在工业上应用的外观设计，无论注

---

① M. 雷炳德．著作权法［M］．张恩民，译．北京：法律出版社，2005：142-143.

册与否，只要在其市场销售之日起，便可获得 15 年的版权保护。这样，1968 年的《外观设计版权法》使得版权的保护在立法上突破了非工业生产的界限。很快，这种突破也在相关的法院判例中得到了体现。①

根据英国 1988 年修订的《版权、外观设计与专利法》第五十二条之规定，将在工业上应用以及在市场上销售的艺术作品缩短到作者创作起 25 年为止，改变了原有保护作者终身及死后 70 年的时限规定。这个规定意与 1956 年《版权法》第十条之规定相呼应，更是为履行其伯尔尼公约的成员国义务之体现。

也就是说，在英国，如果一项外观设计以注册与否、工业应用与否两项标准，决定是否受专利权还是版权保护，相应也就决定了保护的时间是 15 年（不具有视觉美感的外观设计，如果该外观设计制造并出售则仅为 10 年）抑或是作者终身及死后 70 年（纯版权无工业应用的实用艺术品），还是 25 年（工业生产的实用艺术品）。英国在立法上对外观设计试求保持在一个合理的水平，既能削减版权给予的过度保护，也能使外观设计专利摆脱重复保护，因而其立法影响了欧盟的《欧盟外观设计保护条例》。

二、知识产权多重保护观点之争

外观设计专利由于知识产权法对其保护客体的分类保护制度，以及保护客体的特性，导致其除了能取得专利法保护外，还能同时取得著作权法、商标法以及反不正当竞争法的保护，而这种保护，我们称其为知识产权多重保护。这种多重保护的优点在于著作权法给予客体保护的自动性、长期性、国际性；商标法给予了客体保护的无期限性，排他性更强；反不正当竞争法则拥有了商业外观的保护，具有补充性并且也具有无期限性等特点。相比较于专利法的外观设计单纯保护，该保护方式具有期限最短，手续繁杂，成本较高的缺点，因而多重保护能对外观设计专利保护形成有效的补充。这样的制度设计使外观设计的专利权人也乐于从法律专门化、复杂化

① 何炼红．工业版权研究［M］．北京：中国法制出版社，2007：71.

中寻找机会，但是我们如果从市场竞争角度考虑，这种多重保护在中国是否具有了正当性？这种多重保护在权利边界语境下是否具有正当性？

（一）支持观点

张玉敏教授支持知识产权多重保护，她采用洛克劳动权理论，以及从经济学等多种理论角度，分析多重保护实质与内涵，她认为，立法者已经在立法之初便考虑过每部法律之逻辑关系和体系问题，从而也由此为每部法律设定了不同界限，且由于法律目的不同而产生相应界限，因而对同一对象产生不同的法益也是公平正义之应然。①

凌宗亮法官在《失效的外观设计专利仍受著作权法保护》一文中提出艺术商品化观点，认为著作权法也可以用以保护商业化的艺术，其也认为知识产权多重保护因为多重保护机理不相同，不会破坏知识产权体系平衡。他认为，失效的外观设计专利，通过著作权法对其进行后继保护，从而不会及时进入公共领域，不会对其他竞争者造成影响，反而有可能会促进市场的自由竞争。凌法官认为，促进市场自由竞争的理由，一是没有竞争者愿意使用他人已淘汰的产品外观设计，二是著作权法给予的保护使竞争者不能使用与模仿，这样能够激励其他竞争者设计出其他符合大众需求的产品外观设计，从而使产品外观设计市场多样，促进市场竞争。②

北京市第一中级人民法院对外观设计多重保护问题做过相应课题。课题组认为外观设计多重保护，是在法律没有明确排除同一客体同时存在多项权利的规定即具有正当性。课题组认为，在法学理论上，同一客体可能会同时拥有专利权、商标权、著作权和知名商品特有包装、装潢权等法律明确规定的民事权利，而如果主体同一即为权利重叠，主体不一即为权利冲突。在救济方式上，当权利重

---

① 张玉敏，凌宗亮．三维标志多重保护的体系化解读［J］．知识产权，2009（6）：10-19.

② 凌宗亮．失效的外观设计专利仍受著作权法保护［J］．人民司法，2010（4）：88-91.

叠时，要考虑具体的救济方式，允许主张多项权利，但是赔偿数额不可重复计算；如果是权利冲突时，认为依据在先权利、避免混淆、合理公平兼顾利益原则处理。①

在司法实践中，“英特莱格公司诉可高（天津）玩具公司著作权纠纷案”支持外观设计多重保护。北京市高级人民法院认为，由于没有证据表明中国法律反对著作权和专利权的双重保护，因而英特莱格公司就其实用艺术作品虽然申请了外观设计专利，但并不妨碍其同时受到著作权法的保护，最后北京市高级人民法院维持了一审判决，认定被告侵犯了原告的著作权。② 该判决也被称为我国给予实用艺术作品双重保护的初次尝试。③

（二）反对观点

《伯尔尼公约》虽然规定了成员国应为实用艺术品提供保护，但同时也允许对实用艺术品采用非著作权的保护方式，也就是通过工业产权法加以保护，但没有在条文中有任何迹象说明本国法律对于外国人的实用艺术作品应当给予著作权和工业产权的同时保护。④

钱翠华法官在《失效的外观设计专利不再受著作权法保护》一文中针对三茂公司诉永隆商行案指出，专利法、著作权法在规定专利权人、著作权人个人拥有垄断与独占权利的同时，也限定了其

① 周云川，魏小毛．外观设计遭遇多重保护困惑［N］．中国知识产权报，2006-11-22（7）．

② 英特莱格公司诉可高（天津）玩具公司著作权纠纷案（北京市第一中级人民法院［1999］一中知初字第132号）；英特莱格公司诉可高（天津）玩具公司著作权纠纷上诉案（北京市高级人民法院［2002］高民终字第279号）。

③ 冉崇高，赵克．著作权与外观设计专利权的竞合与冲突——以实用艺术作品的保护为视角［J］．人民司法，2011（21）：90-92.

④ 《保护文学艺术作品伯尔尼公约》第二条第七款规定，本联盟各成员国应通过国内立法规定其法律在何种程度上适用于实用艺术品以及工业品平面和立体设计，以及此种作品、平面和立体设计受保护的条件。在起源国仅仅作为平面和立体设计受保护的作品，在本联盟其他成员国可能只得到该国为平面和立体设计所提供的那种专门保护；但如在该国并不给予这种专门保护，则这些作品将作为艺术作品得到保护。

拥有专利权、著作权的保护期限，而已进入公有领域的知识产品，则应当成为社会公共财富的作品，著作权法不再予以保护。这体现了著作权法对公益目标的关注，以及著作权法在维护著作权人私人利益与公共利益之间的利益平衡。①

何炼红教授提出，知识产权重复保护现象的存在实际上就是将正外部性外部化，而这将剥夺公众合法的权益。② 这种重复保护，不管是著作权到期后继续寻求商标权保护，还是专利到期后继续寻求著作权或商标权保护，其意图无非是想把知识产权领域的正外部性予以内在化，所产生的后果将直接与公众的复制权利相冲突，后续保护的存在亦将剥夺公众合法的权益。③

我国司法实践中的主流做法是避免同一客体多重保护的。例如在“晨光笔案”中，最高人民法院指出，“多数情况下，如果一种外观设计专利因保护期届满或者其他原因导致专利终止，该外观设计就进入公有领域，任何人都可以自由利用。但是，在知识产权领域内，一种客体可能同时属多种知识产权的保护对象，其中一种权利的终止并不当然导致其他权利同时终止。同时，反不正当竞争法也可以在知识产权法之外，在特定条件下对于某些民事权益提供有限的、附加的补充性保护”④。反不正当竞争法如果给予其知名商品包装、装潢保护条件，注意“知名”“特有”需司法认定，因而当事人举证比较困难，且其中还有一点要求，即“不属由商品自身性质所决定的设计，也不属为实现某种技术效果所必需的设计或者使商品具有实质性价值的设计”，也就是非功能要求的设计。由此可见，最高人民法院对多重保护也是力求保持在一个较为平衡的状态下，即除非能达到非功能性要求，否则，在通常情况下应当避

① 钱翠华．失效的外观设计专利不再受著作权法保护［J］．人民司法，2009（14）：50-52.

② 何炼红．知识产权的重叠保护问题［J］．法学研究，2007（3）：59.

③ 何炼红．知识产权的重叠保护问题［J］．法学研究，2007（3）：65.

④ 上海中韩晨光文具制造有限公司诉宁波微亚达制笔有限公司、宁波微亚达文具有限公司擅自使用知名商品特有装潢纠纷再审案（最高人民法院［2010］民提字第16号）。

免对知识产权同一客体的多重保护，因为由此引发的多重救济、保护期延长等问题最终使创新成果无法进入公有领域损害公共利益。

（三）观点评述

赞成完全的多重保护的观点充分认识了外观设计技术性、艺术性、显著性“三性合体”的特征，但扩大了外观设计权利的内涵，缺乏权利的正当性。因为给予外观设计完全的、不加区分的多重保护，并没有考虑外观设计专利权与商标权、著作权、商品外观之间准确的权利的效力边界，并且没有从实质上提出保护的依据，容易在实务中导致权利冲突矛盾从而引发争端与不公，没有意识到多重保护带来的潜在危害。

反对多重保护的观点则是从知识产权制度的“一体两面”角度出发。知识产权的产权属性必定要以衡量个人利益与公共利益为皈依。① 知识产权保护走向任何一个极端，都将使知识产权制度僵化，甚至消亡。② 给予多重保护会使私权更加放大，应结合知识产权法的公益性目标，从权利来源认真分析权利关系及效果和边界，一项设计如果受到专利法保护，那么其他权利的获取方式应当有限制，有条件，最终应使该设计权利人的私人利益与社会公众无偿使用权益之间达到均衡状态。

笔者赞成反对多重保护的观点，认为应关注公众的复制权利和市场的竞争政策，应强调富足公共领域，多重保护不仅产生过度激励的后果，也会使经营者倾向于从垄断中不断获取利润，既不利于竞争，也不利于经营者自主创新，会导致知识产权制度加重经济成本，合理性遭到质疑。

三、外观设计多重保护负效应剖析

（一）对公共利益的损害

知识产权保护法律的设计，最初的目的就是既要保护权利人

---

① 吴汉东．科技、经济、法律协调机制中的知识产权法［J］．法学研究，2001（6）：147.

② 沈玮玮，姬德华．外观设计专利的后续保护及其限制［J］．知识产权，2016（7）：77.

的私人利益，又要维护公共利益，讲求公私间利益平衡。外观设计在被授予十年的保护期的合法垄断权后，该权利就应当进入公共领域由社会公众免费使用。而公开这种外观设计的目的，一是让大家可以学习这种设计，从而创造出更出色的产品外观丰富市场，给消费者提供多样化的选择，另外一个作用是向社会公众公布，在权利仍受保护之时，他人未经许可不能制造或使用其外观设计。而现在如果专利权人不仅获得外观设计权利保护，还能取得著作权或商标权或商品外观的保护，这样会变相地取得更大的垄断权，导致社会公众不仅不能取得产品设计的使用，也不可以做相似的创作或者生产相似的产品，这样一种平衡关系就被打破了。

以外观设计与商标权的重复保护为例。在外观设计带来的两种价值（提升产品自身品质的价值以及区别的价值）中，外观设计专利保护的是前者，即其本身所固有的价值。① 相比较外观设计注重的自身品质价值，商标权更注重区别价值，而如果一项外观设计在获得了自身品质价值之外，同时又获得了商标权保护具有了区别价值，这使原本能进入公共领域的外观设计停留在私人领域，会使权利人获得更多的垄断权利，而对公共利益损害则是巨大的。可以这样理解，相当于对外观设计专利过期后继续加以保护，则是变相延长了外观设计的保护期，同时拓宽了其保护范围，可能破坏社会传播和应用专利的激励机制，破坏创作者、传播者和使用者之间的平衡。②

（二）对竞争的不利影响

竞争者、其他使用者对知识产权的期待，一是来源于知识产权到期后的无偿使用，二是对知识产权保护之外的相关客体的创新使用，而多重保护对竞争最大的不利影响在于多重保护的权利边界不甚清晰，使竞争者无法辨别何种使用或创新是不侵权的。

① 兰德斯，波斯纳．知识产权法的经济结构仁［M］．金海军，译．北京：北京大学出版社，2005：423.

② 吴汉东．知识产权的私权与人权属性［J］．法学研究，2003（3）：73.

那么如果对相关客体再创新及使用，可能已经付出了巨大成本，最后结果却付诸东流，这也是与市场竞争规则不相符。同时对于知识产权立法本意来说，专利的公开机制便是一种社会需要，公众对专利主题有一定的了解后进行技术改进和创新，能够带来科技进步，生产力发展，这本身就是促进竞争的一种方式，但是拥有多重保护后，拥有专利的同时还获得著作权和商标权的保护，权利人不仅可以利用专利权的垄断保护，而且可以利用著作权中的演绎权要求对相关工作的技术改造采取限制，同时又获得商标权保护，进入了使用时间的无限制状态，这种状态相当于权利人拥有了永久的垄断权，演变成知识产权滥用，无疑会对竞争造成巨大的伤害。

（三）不符合知识产权法最初立意

劳伦斯·莱斯格曾经提醒我们，充分的激励就是对某些事决不进行完全控制，法律只需要让人们有继续进行创作的动力就足够了。① 给予外观设计多重保护忽略了现代知识产权制度之建立目的，即为了实现不同的法律效果而建立不同的保护机制，多重保护更是将不同的保护机制进行了横向的跨越，这就不符合知识产权制度间的利益平衡。另外，多重保护结果实质是权利人只进行了一次劳动，但是却获得了多于一次的奖励，变成了激励过度，从而也打破了知识产权制度统一的价值目标。诚如三茂公司辩称所言，如果同时拥有多个知识产权，当其中一项知识产权保护期限届满，但是其他知识产权并未过期，则权利人仍可以享有其他知识产权。这与外观设计制度初衷“以公开换取一定时间的垄断的立法主旨”相悖，使这种设计方案永远处于私权之下，对于整体经济发展是有害无益的。

知识产权制度的精髓是利益平衡，专利法、著作权法和商标法基于不同的法理基础和各自的政策目标，设计了不同的保护机制，从不同的角度授予权利人有限的独占权，以共同实现促进社会公共

---

① 劳伦斯·莱斯格．代码［M］．李旭，等，译．北京：中信出版社，2004：164.

利益的目的。①

第三节　权利边界的确定与权利冲突的解决

一、外观设计专利权与其他知识产权的权利边界确定

世界知识产权组织（WIPO）在1967年成立时，就在其成立宣言中明确提出其宗旨是“为了全人类经济、文化和社会的进步，通过国际合作，促进创造、传播、使用和保护人类的精神财富。其目的是达到以下的平衡：一方面通过充分保护创作者的精神和物质利益来刺激全球的创造性，另一方面为人类享有这种创造性所带来的社会经济和文化利益提供条件”。② 这一宗旨也说明，知识产权制度应当由知识产权所有者的权益与其他方面的利益在经过充分考虑后，确定如何保持利益平衡的问题。

之所以出现多重保护现象，主要原因在于知识产权保护范围越来越广，使三个领域的既有界限变得模糊，另外就是知识产权无形性或无体性以及权利保护客体在一定程度上的相似性，再加上经营者的逐利本性，出现了多重保护现象，导致知识产权项下权利之间边界的模糊性。对于外观设计专利权与其他知识产权的权利边界应当如何确定把握，本书认为包括以下几点。

第一，通过明确知识产权的立法目的确定权利的法律边界。

回归立法的本意，认识到正因为专利法、著作权法和商标法有不同的保护重点，才更加明确法律在各个领域的相对独立性，即为“知识产权沟渠原理”③，也就是根据法理基础和各自的政策目标来确定各个权利的法律边界。知识产权制度目的就是奖励智力成果的发明创造者、作品的作者、商标权的拥有者，为了鼓励其创作发

---

① 冯晓青．知识产权法利益平衡理论［M］．北京：中国政法大学出版社，2006：304-361.

② WIPO知识产权手册：政策、法律与实践.

③ 何炼红．工业版权研究［M］．北京：中国法制出版社，2007：144.

明行为，奖励其一定时期的垄断权，因而，知识产权具有私权属性，目的是禁止抑或限制非权利人的不劳而获、无价而取的行为，但是这种暂时的垄断，其最终目的是为了智力成果能够实现全社会的经济发展、科技进步、文化繁荣。在保障知识创造者权益的同时，必须考虑促进知识的广泛传播和推动社会文明进步的公益目标。① 纵观知识产权制度发展历史，知识产权权益分配始终是作为知识产权发展驱动的主要杠杆，通过这个主要杠杆来推动知识生产、传播和应用。但是也要明确知识产权制度的本质也是一种平衡利益关系的制度，是一种资源的再分配模式，因而必须兼顾相关利益主体，即创新者、生产者、传播者、应用者、社会公众、政府达到利益分配的合理状态，体现出知识产权立法目的最终是为了社会公众能享受到智慧财产权进入公有领域带来的经济效益、文化效益以及社会效益，体现出权利衡平原则和维护公共利益原则。虽然权利人的一项智力成果可能同时符合几项知识产权保护的规定而未违反权利的内部边界，因而具有合法利益，但先后获得多项保护会延迟预期的知识产权推广时间，因而破坏知识产权的外部边界。② 也就是说，就同一客体是否应当获得外观设计、实用作品、商标、商品外观等重复保护，应从整体角度考虑其对知识产权体系的冲击，应从整体价值判断知识产权多重保护后的结果是否最终阻碍了思想、信息、知识、科技的传播和表达。如果答案是肯定的，那么权利人的这种阻碍行为就不再具有合理性及正当性，也就超出了权利的边界，这也是对知识产权权利边界之合理限制原则的体现。因此要以立法本意为目的确定保护重点。以专利权为例，从法释［2009］21 号《关于审理侵犯专利权纠纷案件应用法律若干问题的解释》到法释［2016］1 号《关于审理侵犯专利权纠纷案件应用法律若干问题的解释（二）》，均强调权利的公示程序，这样的目

① 吴汉东．科技、经济、法律协调机制中的知识产权法［J］．法学研究，2001（6）：139.

② 孙南申，胡荻．论工业品知识产权的法律边界［J］．国际商务研究，2016（1）：21. 27.

标就是要达到权利的划界，避免权利的冲突和多重保护。这样能够使专利权保护范围更加确定，让公众对法律结果拥有对应的预期。而权利公示要求也可以避免保护权利边界模糊带来对后续公共创作、创新、运用空间的不定式压缩。例如，《专利侵权司法解释(二)》第五条、第十条、第十二条分别通过前序特征、制备方法及数值特征和术语对权利要求限制作用，严格划定权利要求范围，明确界定专利权与公有领域的界限。①

第二，通过对同一客体的多重保护方式判断是否超出了权利边界。

自1711年法国里昂对该市的丝绸织品图案进行外观设计保护规定，这个世界上第一个保护工业品外观设计的制度距今产生已经有300多年的时间。就外观设计而言，专利法已明确规定其10年的保护期限，这一规定的实质为国家与权利人之间的一项契约合意，即国家在保护期限内赋予并保护权利人的垄断性利益，但同时在保护期限届满或是依法提前终止或失效的情况下，权利人同意外观设计进入公用领域，这也表明法律对外观设计推广和运用的期待时限。② 因而，在进入公有领域后，公众不仅可以使用公共信息而无需给创作者补偿，而且也不应再以外观设计仍享有其他知识产权等权利来阻碍其公众使用，从而损害公共利益。也就是说，外观设计的多重保护实质便是本应进入公共领域发挥能动作用的设计由于其他权利的保护，使该设计延迟，甚至不再进入公共领域，结果是社会公众不能享受该设计带来的积极效果，损害社会公众的信赖利益，也损害了公共利益，超出了权利边界。

第三，明确外观设计多重保护带来的权利冲突的解决路径。

首先，建议应坚持最高人民法院在2003年7月《关于处理专利侵权纠纷案件有关问题解决方案草稿（征求意见稿）》第八十

① 王闯．知识产权的权利边界与裁判方法［J］．人民司法，2016(22)：46.

② 孙南申，胡荻．论工业品知识产权的法律边界［J］．国际商务研究，2016（1）：21，27.

八条中对双重保护明确排斥的拒绝态度。这种明确在知识产权领域拒绝多重保护态度应当在立法中予以明确。应强化“沟渠原则”，确保知识产权各个领域的相对独立性，一般情况下，著作权法、专利法、商标法不应对同一客体重复授予排他性权利。坚持著作权法的“独创性”、表达性规则以及实用艺术作品的审美标准要有相应提高，拒绝功能性；坚持专利法的“功能性”要求；坚持严格要求商标法中的“显著性”条件，对“第二含义”标准应当严格把握，利用有形载体确定外观设计之具体保护。具体而言，可建议由权利人在开始选择时便使用登记制度对其欲采用权利进行选择保护，从而确定了权利的归属并使相关公众对权利进入公有领域有了相应的预判。

其次，由于某些客体本身的特殊属性，导致符合多重知识产权特性，从而不可避免出现多重保护现象，此时认为应当由当事人选择其中一种权利，如同英国法一样使权利呈现有限相容状态，即如果选择工业性则放弃著作权，选择显著性则放弃专利权，这种“权利转换”的规定能有效避免多重保护问题。

在特殊情况下，可允许商标的特殊保护，但是应确定使用的非功能性要求。这种特殊情况笔者认为即使在专利过期后，该设计拥有了商标法上的“第二含义”，使商品和该设计间产生了联系性，广为公众所知，发挥了商标的功能，此时应予以保护，但是不应当拥有功能性要求。此外，如果外观设计产品的销售具有了相应的影响力，为相关公众所知悉，即成为知名商品时也可以给予多重保护，当然前提是通过对“知名”“特有”标准的认定，要求当事人举证，也要求非功能要求的使用。总的来说，应严格限制多重保护的使用情形。

最后，明晰法律解释原则，削减多重保护可能造成的竞争损害。最高人民法院 2005 年在《关于审理涉及知识产权权利冲突民事纠纷案件适用法律问题的解释（征求意见稿）》第二条及 2008 年在《关于审理注册商标、企业名称与在先权利冲突的民事纠纷案件若干问题的规定》（法释［2008］3 号）中所确立的权利冲突解决三原则，应继续明确和坚持，即保护在先权利原则、维护公平竞争原则和诚实信用原则，从而明确知识产权之间的权利边界，由此来正确界定、解决当事人的合法权益和利益冲突。

二、多重保护权利边界实证分析

在英特莱格公司诉可高（天津）玩具有限公司、北京市复兴商业城侵犯著作权纠纷案中，北京高级人民法院判决中表示出对多重保护明确的肯定态度，在其判决书中是这样表述的："现在没有证据表明中国法律对于外国人的实用艺术作品排斥著作权和专利权的双重保护。"① 之后，最高人民法院在2003年7月的《关于处理专利侵权纠纷案件有关问题解决方案草稿（征求意见稿）》第八十八条中明确其排斥拒绝双重保护态度。② 虽然草案中该条规定最终没有成为司法解释，但仍然深刻影响着之后的司法判决。

回到本章第一节提到的"三茂公司案"③。该案件一审在2004年由深圳市中级人民法院审理，判决认为，标签这个保护客体，同时享有著作权和外观设计权利的双重保护，但是由于外观设计专用权已经失效并进入公有领域，已经成为公共财富，任何公众都可使用，而三茂公司对其标签的保护，在著作权与专利间，选择了外观设计专有权的保护，标志着对标签的保护从"著作权保护进入工业产权的保护"，因而，无权禁止他人在相同或类似的产品上使用相同或近似的外观设计，且永隆商行在标签的外观设计失效后的工业性使用亦未侵犯三茂公司著作权。那么，作为同一客体，也就失去了著作权的保护，因而不支持三茂公司要求对方停止侵权的责

① 英特莱格公司、可高（天津）玩具有限公司与北京市复兴商业城侵犯著作权纠纷案（北京市高级人民法院［2002］高民终字第279号）。

② 原文为：第八十八条【外观设计不予双重保护】外观设计专利被终止或者保护期限届满后，他人将该外观设计作工业应用的，不构成对原外观设计专利权人任何权利的侵犯。

③ 深圳王三茂食品油脂有限公司与深圳市福田区永隆商行著作权侵权纠纷案（深圳市中级人民法院［2004］深中法民三初字第670号）；深圳王三茂食品油脂有限公司与深圳市福田区永隆商行著作权侵权纠纷上诉案（广东省高级人民法院［2005］粤高法民三终字第236号）。

任；2005年广东省高级人民法院的二审判决维持了该意见。如同第一节所分析的，“三茂公司案”表明了当同一客体归属于两个不同的权利人时，行使权利产生冲突的可能性也表明当同一主体在同一客体上同时拥有两个权利状态而引发的以侵犯任意权利为由的不当获益行为。法庭最终认定，标签作为失效的专利应当已经进入公共领域，任何公众均可免费自由使用，三茂公司对其标签的保护，在著作权与专利间，选择了外观设计专有权的保护，标志着对标贴的知识产权保护选择的是工业产权的保护而放弃了著作权保护，因而，永隆商行在标签的外观设计失效后的功能性及工业性使用并未侵犯三茂公司标签著作权。

在这一判决之后，多重保护侵权后寻求救济之路不再寻求专利权救济，而是转向反不正当竞争法的保护，采用知名产品包装救济方式，当然前提也是要证明“知名”“特有”。较为典型的案例是2011年，最高人民法院审结的上海艺想文化品有限公司与上海帕弗洛文化有限公司关于失效外观设计专利的纠纷案。① 帕弗洛文化有限公司将其主要运用红色、黄色、黑色组合图案的“毕加索”品牌书写工具申请了外观设计专利，但也是因为未缴纳专利费导致专利过期。后来上海艺想文化品有限公司将“毕加索”图案申请了商标，之后起诉上海帕弗洛文化有限公司产品侵权。帕弗洛文化有限公司并没有以著作权申请保护，而是以保护知名产品包装装潢为由要求对方停止不正当竞争，该案经历了多次审理，受诉法院肯定了帕弗洛公司的签字笔外观设计专利权到期后仍可以以其生产的签字笔外观作为知名商品特有装潢权形式继续获得保护，前提是对其产品是知名产品的必要证明。“毕加索”案实质上同“晨光笔”案一样，从结果公平的角度出发，通过对市场混淆行为的纠正，来明确保护的是经营者经过长期经营而获得的竞争优势和市场信任，但专利权终止后进入公有领域的结果没有发生变化，这仍然是要坚

① 上海艺想文化用品有限公司与上海帕弗洛文化用品有限公司擅自使用知名商品特有名称、包装、装潢纠纷案（最高人民法院［2011］民申字第623号）。

持的专利制度基本原则。

综上，笔者认为，首先，应适用“沟渠原理”使知识产权域内不同类型的权利各司其职、并行不悖，在确保知识产权法不同类型权利相对独立后，就会使公众能准确预见到作品，设计具体保护时间，以及其专有权利在保护期届满后应当进入公共领域的法律预期后果。其次，认为设计者在最初对外观设计寻求保护时就应当进行某种选择，即在专利、商标、著作权、知名产权包装中寻找其认为合适的方式进行保护，但反对多重保护，应有限制、有条件适用多重保护。

但是，我们必须意识到对外观设计进行多重保护，的确存在着对外观设计的创造者过度激励之嫌，这种多重保护亦增加了权利人的保护成本，这种过度激励虽然可以让外观设计的创造者激励其知识产品的创造性，但却是以牺牲公共利益为代价的，损害了公众对社会福利的期待，同时增加了垃圾专利的产生。因此，多重保护在法律起源或是法律实施结果上都是对知识产权立法宗旨的违背，总体上极可能是无效率的。从法律实施角度看，多重保护也构成了法律的竞合，引发了法律价值冲突和体系冲突的形式的危险，因而应当更加重视对于多重保护问题的规制。

本章小结

中国现在正处于社会主义初级阶段，知识产权保护不一定保护程度越高效果越好，而是要与中国实际的经济水平和社会状况以及文化环境等综合因素结合，不断调适才会达到最好的效果。现阶段，社会公众所期待的立法基调仍然是推崇知识共享，推崇正当模仿，以促进竞争，为本国竞争者参与自由竞争提供广阔空间。由于知识产权客体的非物质性，外观设计专利权易与其他知识产权发生竞合与冲突，尤其是与实用艺术作品的著作权、商品外观的商标权和基于《反不正当竞争法》保护的合法权益等。伴随着我国司法实践的进展，上述权利多重保护引发的权利冲突问题日益严重。本章利用权利边界理论分析外观设计的多重保护的非正当性，建议应通过明晰知识产权立法目的确定外观设计权利的内部边界，再提出解决外观设计专利权与其他知识产权之间权利冲突的解决路径。外观设计专利权与其他相关知识产权之间亦存在一定差别，需要在具体建立标准上反对多重保护，防止创新无法进入公有领域。同时，在考察了美国、英国、德国和法国的立法及实务经验后，认为我国亦应采用多数国家对多重保护的限制态度，特别是英国的权利转换方式很值得借鉴。

第五章　知识产权平行进口中的权利边界问题

第一节　知识产权平行进口法律关系与利益冲突

一、平行进口的法律关系

（一）知识产权平行进口的概念界定

平行进口的概念通常认为是在外国知识产权人授权国内知识产权许可人（以下简称代理商）使用其知识产权产品制造或经销其特定知识产权产品的情况下，其他未经授权使用其知识产权产品的国内经销商（以下简称非代理商）通过外国知识产权人或第三人合法地进口外国知识产权人或其授权代理商制造或销售的相同知识产权产品并在国内销售，从而形成代理商与非代理商因知识产权产品正面竞争的现象。

以专利权为例，根据我国《专利法》第十一条①规定以及TRIPS协议第二十八条规定②，即任何人要使用他人专利（包括以

① 我国现行《专利法》第十一条规定："发明和实用新型专利权被授予后，除本法另有规定的以外，任何单位或者个人未经专利权人许可，都不得实施其专利，即不得为生产经营的目的制造、使用、许诺销售、销售、进口其专利产品，或者使用其专利方法以及使用、许诺销售、销售、进口依照该专利方法直接获得的产品。"

② TRIPS协议第二十八条规定："专利应赋予其所有人下列专有权：(a) 如果该专利所保护的是产品，则有权制止第三方未经许可的下列行为：制造、使用、许诺销售、销售或为上述目的而进口该产品……"

生产经营为目的的制造、使用、许诺销售、销售、进口其专利产品)，必须经由权利人的许可方能使用。如果进口商未经专利权人同意，向权利人所在的国家进口该专利产品的时候，那么平行进口现象就很有可能出现。

单从“平行”两字的概念上讲，既是产品进口方向上的“平行”，又是知识产权智力成果的“平行”。换句话说，假设进口的某一产品所包含的知识产权与本国内市场的同一产品的知识产权没有任何关联，即分属于两个完全不同的权利人，并且权利人双方没有任何关系，则权利人双方不存在知识产权争议。因为国内权利人与进口产品的生产者（指知识产权人）分属两个不同的个体，进口货物与权利人之间不存在任何“关联性”，仅仅是进口的产品与国内的专利权在智力成果方面一致而已，所以，此种情况通常根据各国法律及司法实践，会直接认定进口的产品为假冒侵权产品。

由于知识产权具有地域性，所以可能会出现两个及两个以上地域同时存在两个及两个以上彼此独立的知识产权的情况。以专利权为例，进口的专利权产品在未经国内权利人的授权下投放市场，或者已经获得该国内权利人授权，但他人未经该权利人同意进口含有其专利权的产品，那么上述情况就构成对国内权利人权利的侵害。之所以这样说是因为国内权利人没有在销售过程中获得利益即国内权利人的权利还处于未行使状态，也就是说当进口产品是由与知识产权人无关的第三人生产的时候，各国都会使用排他进口权来阻止此种产品进口到本国，并利用排他销售权来阻止产品的销售。“在欧盟，海关可以直接对侵权产品进行没收而对平行贸易货物则没有没收处置权。”① 所以，当未经知识产权人授权的产品由第三方投放市场时，通常情况下都会被认为是侵权行为，因此权利人可以依法对侵权产品阻止进口和销售从而保护自己的权益。

假设进口的知识产权产品在投放国内市场时，权利人为同一人或者同一企业，又或者该产品的知识产权虽非属同一人或同一企业

① Christopher Stothers, Parallel Trade in Europe : lntellectual Property, Competition and Regulatory Law [M]. Oxford: Hart Publishing, 2007: 40.

所有，但该产品的生产与销售是由与权利人有关联的人或者企业完成，也就是说权利人在此过程中或许已经行使了其知识产权或者在行使过程中获利，那么在这种情况下权利人是否可以阻止平行进口，这些专利产品是否还能被权利人更进一步控制（权利人权利是否已经用尽），或者默示许可会不会在此情况下发生。这一系列的问题都是由平行进口引发，并需要我们进一步探讨与研究。

各国政府对平行进口所引发的问题都有自己的解决方案和方法。知识产权权利的保护力度大小，在受保护的同时应受限制等问题，各国都会从本国实情和国家利益出发来进行处理。涉及知识产权不仅仅是一个保护问题，还涉及反对市场垄断问题、国际贸易问题等。往往会出现相同性质的案例在不同国家或地区的判定结果却大相径庭。正因为平行进口问题在实际应用中存在很多争议，所以平行进口问题仍然是学术界讨论的热点。

（二）知识产权平行进口的基本特征

平行进口同授权进口相比有以下几个不同之处：

第一，进口人在出口国获得的产品是“合法”产品。所谓“合法”产品是在不侵犯权利人知识产权的前提下，进口人在出口国法律允许的范畴内制造和销售的产品。通常情况下该产品一般是由知识产权人或者经由其授权的第三方在出口国制造和销售。① 以产品商标权为例，某种商品在国内销售有两种情况，一种是通过获得国内代理权资格的代理商进行销售，另一种是没有获得国内代理权资格，但所在国内销售的商品是经由国外原商标权人授权的“正规产品”（我们通常意义上说的水货）。即国内代理商与非代理商双重进口的商品须为同种牌名的“真货”。与常见的商标侵权和假冒产品不同，平行进口的产品在严格意义上说都是由知识产权权

① 在讨论平行进口问题时，主要涉及由知识产权权利人或经其同意而制造的“合法”产品；对通过强制许可而制造的“合法”产品或由于出口国不存在有关知识产权而由他人制造的“合法”产品而言，仅仅为了特定政策，如为了共同市场内商品的自由流动或者为了获得廉价药品，才有可能承认其平行进口的合法性。

利人或在其授权的情况下投放市场的，产品所含知识产权与权利人的权利具有同源性。

第二，“合法”产品在进口时未经该进口国知识产权权利人批准的问题。这种进口行为涉及未经进口国权利人授权产品在该国是否能得到法律保障，也是平行进口问题的核心。关系到该产品是否侵权，能否在进口国自由流通。与平行进口相对的概念是“授权进口”。所谓“授权进口”是指由进口国知识产权权利人或经其同意而将产品从出口国进口至进口国的行为。

第三，知识产权产品的平行进口行为遭到进口国权利人的反对。TRIPS 协议明确指出知识产权为私权利。其权利都是自主、独立的，权利人可以自行确定是否行使其权利。TRIPS 协议在序言中即开宗明义，承认知识产权为私权。① 知识产权作为私权，权利人可以行使其权利，亦可以不行使其权利。在某些情况下，权利人甚至可能对平行进口是持鼓励态度的。比如，德国某核仪表公司分别在德国和中国同时拥有某核仪表专利。该核仪表生产于德国，同时在中国委托某公司代理销售。中国代理公司与德国本土的销售企业都得到了生产商德国核仪表公司的相同卖价，为 3500 欧元。结果中国代理公司的零售价为 7000 欧元，原因是中国对此仪表的需求量小，所以中国代理公司采取了大幅增高零售价的方法降低成本；但是德国销售企业的零售价却是 4000 欧元。因为价格差异巨大，买家某中国辐射监测公司选择直接从德国销售企业进口了两台核仪表。在这个案例中，由于作为专利权人的德国核仪表公司在中国与在德国的卖价相同，所以无论产品是由德国销售企业还是中国代理公司销售该核仪表，对德国仪表公司来说没有影响，因为其获得的利润是相同的，并且如果该公司对买家某中国辐射监测公司直接从德国销售企业进口持反对意见，那么就有可能引起买家某中国辐射监测公司不满，继而很有可能转而购买其他商家的核仪表。这种情

① 郑成思．关贸总协议与世界贸易组织中的知识产权——关贸总协议乌拉圭回合最后文件［M］//与贸易有关的知识产权协议详解．北京：北京出版社，1994：178.

况下，德国核仪表公司应该不会反对该核仪表的平行进口行为，甚至还有可能鼓励平行进口，因为该行为扩大了该核仪表的销量。所以在知识产权权利人不反对平行进口行为的情况下，讨论平行进口问题则没有什么意义。

(三) 平行进口的法律关系

平行进口的法律关系主要体现在进口国知识产权权利人并未允许或授权进口商进口该知识产权产品，进口商的这种进口行为与进口国知识产权权利人之间形成了竞争关系。那么，这种没有得到知识产权授权许可的进口行为，其出口和进口行为都办理了合法的清关手续，属真品；但是从法律调控上来看，涉及多部法律、多个法律制度，并且由于国际条约没有统一规范，各国对这些问题的态度也会由于其经济发展、法律文化以及知识产权立法的侧重点不同而大相径庭。另外，知识产权产品上拥有了知识产权和物权法两种权利，买受人可随意支配其通过合法渠道购买的知识产权产品，也包括可以转卖入其他国家，这个时候知识产权权利仍然附着于物品之上，而进口国权利人可以以侵犯其知识产权为由，阻碍进口商处分该物的行为，此时知识产权与物权就产生了冲突，而我们应当解决的是哪种权利优先的问题。平行进口还反映了知识产权的保护与国际贸易自由化的冲突，知识产权是贸易保护中的一种表现内容，而各国基于自己的利益考虑有很多贸易保护措施，那么平行进口也是贸易自由与知识产权之间的冲突。

二、知识产权平行进口引发的利益冲突与法律争端

(一) 平行进口引发的利益冲突

我国知识产权法先行者郑成思先生对平行进口是这样界定的，“它指的是知识产权的权利人或独占被许可人有无权利禁止合法生产的产品从国外进口的问题”①。郑先生一语中的，从关键处点出了平行进口产生的权利冲突即是知识产权与物权之间的冲突。

① 郑成思．知识产权法：新世纪初的若干研究重点［M］．北京：法律出版社，2004：109.

1. 引发平行进口问题的原因

法律问题最终还是利益问题。考虑到税率等因素，不同国家同种商品的价格有高有低，千差万别，由于国内产品较同种平行进口产品在价格上普遍要高，所以催生了平行进口的发展。引起同一知识产权产品价格在不同国家之间的差异可能基于以下六种原因：

（1）汇率波动。商品最初以同样的价格销售，但如果进口国的货币相对出口国贬值，那么出口国的该种商品则相对更贵。

（2）价格监管。出口国可能迫使企业以更低的价格销售，这种行为在药品市场上较常见。

（3）产品监管。出口国的国内监管要求的成本高于进口国，这也可能增加平行进口商的成本。

（4）销售成本。按照劳动力、土地及运输成本，消费者获得产品的成本在出口国高于在进口国。同样，这也很有可能增加平行进口商的购买动力。

（5）生产商选择。生产商可能选择在出口国的销售价格高于在进口国的价格以便赚取更高利润，以及用来支付在进口国像售前服务或售后担保这样的额外服务费用。

（6）季节因素。一些季节性产品，在同一时期的不同国家，因季节的不同会形成价格差。比如，南北半球因为气候因素导致的水果价格的巨大差额会促成进口商的平行进口行为，更或者在专利产品中如空调、风扇等产品也会导致专利的平行进口。

价格差也可能发生在同一个国家不同地区，这样的情况更可能缘于销售成本及生产商选择等原因。例如在超市、加油站以及快餐店这样的连锁商店的不同分店，相同或类似产品的价格存在差异，由此在全国乃至全球提供相同的产品或服务也会产生平行进口。

然而，平行进口产品要比进口国的正常产品更便宜，总的销售量也会增长。尽管进口国上涨的需求可能迫使产品在出口国价格上涨，但是这仍然很可能损害该商品在出口国的正常价格。无论如何，这很有可能减少进口国知识产权人或代理商的利润，因此进口国知识产权人或代理商通常会采取不同方式反对平行进口。

同种商品在不同国家的价格有高有低，千差万别，利益的驱使让平行进口商趋之若鹜。平行进口的知识产权产品的利润优势可以分为两个方面：一方面，平行进口商从低价市场购入商品，以较高的价格在进口国销售赚取价格差；另一方面，平行进口产品在拓展市场、产品维护、相关人员技能培训方面无需投入大量的资金，所以其销售成本普遍较为低廉。综合上述两个方面，平行进口的出现大多因为平行进口商将知识产权产品从低售价的国家进口至高售价国家，再除去进口销售各项成本后仍然有可观利润空间。

2. 平行进口引发的三方利益冲突分析

平行进口利益当事人大致可以分为知识产权权利人、平行进口人以及消费者三大类。

对知识产权权利人来说，平行进口的弊端十分明显。由于平行进口商品较进口国的正常产品更便宜，大量的平行进口商品进入进口国势必会扰乱进口国知识产权人在国内市场的销售，对其利益造成损害。另外一种产品要在国内市场销售，国内知识产权权利人为了提高产品销量和产品认知度，前期往往会投入大量的资金来进行广告宣传、产品促销。这恰恰就给平行进口商品搭了“便车”，使国内知识产权权利人先期投入的费用大打折扣，影响了国内权利人的利益。除此之外，假设平行进口的产品在质量上有缺陷，并且平行进口产品售后无法得到保障，那么消费者就不会对商品进行再次选择。不过从另一个角度来说，平行进口对于知识产权权利人即被许可人也并非有“百害而无一利”。平行进口的廉价商品进入本国市场，会扩大该产品整体的销售额和市场占有率，相比其他替代品更有竞争力。同时，如果产品在出口国制造的商品过剩，平行进口行为则可以转移“库存”，从而使知识产权权利人亦可获益。不过总体而言，平行进口对于知识产权权利人来说弊大于利。

对进口商来说，平行进口简直就是“百利无一害”。首先进口商赚取了平行进口商品价格差价。其次在平行进口商品宣传、销售甚至售后上，进口商都可能搭了国内知识产权权利人的“便车”，因而有些国家一百多年前就已经出现了专门的平行进口商。

对于消费者来说，平行进口最大的好处就是低价。目前，上海自贸区内平行进口车主要以 SUV 车型为主，各车型较市场价优惠幅度各不相同，但主要集中在10%~15%，① 因而，低价便是平行进口商品受到消费者欢迎的最主要原因。

虽然平行进口能给进口国消费者带来低价，但是平行进口也可能对消费者产生负面影响。主要有三点：第一，可能会使消费者对产品的来源产生混淆。如果消费者将识别产品来源的主要因素定位于国内的制造商或销售商，即认为产品来源于国内的授权制造商或销售商，那么消费者在购买平行进口的同品牌商品时，就有可能误认为该商品也来源于国内的授权制造商或销售商。第二，产品质量差异导致错误选购。生产者和知识产权权利人也许会针对不同国家的人文、社会、地理、气候等因素而制造并销售质量略有不同的商品。这样平行进口的商品与授权销售的商品相比，其质量就可能存在不同，但是消费者对此可能并不知情。第三，平行进口商品的售后服务保障可能会低于授权销售商品。如果商品需要比较频繁的售后服务，那么由于平行进口商品售后服务的问题和质量一般会比授权商品差，因此可能会影响购买人的购买需求。

从国家层面来讲，知识产权权利人往往有一整套营销策略，会按照各个国家的实际情况来制定全球市场计划，平行进口的出现使得权利人的策略付诸东流。在专利产品的生产销售过程中，专利权人可以利用对专利产品的垄断权来制定产品价格，价格的制定一般会考虑各个国家的生产成本和实际需求，禁止平行进口，保障了权利人利用专利产品的垄断地位来获取最大的垄断利润，即通过市场分割的方式强化市场垄断权来达到获取更大利益的目的。与之相对，如果平行进口被允许参与其中，平行进口商扣除两地的交易成本后仍然可以从中赚取利润，就会引发两国间商品的价差交易，打破专利权人的垄断计划。②

平行进口也会给一个国家的经济带来影响。英国经济学家J. S. Chard和C. J. Mellor深入研究了平行进口对国内经济的影响，

① 赵玮．上海自贸区平行进口车实施情况初探［J］．汽车与配件，2015（24）：39.

② 吴欣望．专利经济学［M］．北京：社会科学文献出版社，2005：93.

总结出国内经济因平行进口产生了两个不可避免的伤害：其一，平行进口常常源于“搭便车”现象，这损害了国内权利人在拓展市场、产品维护升级、相关人员技能培训方面的付出，消费者的合法权益在一定程度上也受到了损害；其二，平行进口使销售量预测成为不可能，因而影响生产与销售计划，并使供应成本增长，最终导致产品价格的提高。① 据不完全统计，美国每年灰色市场的产品销售给产业带来至少600亿~800亿美元的损失。②

（二）平行进口引发的法律争端

平行进口的合法性问题是法律争端产生的关键，而合法性问题又牵扯到平行进口与知识产权权利范围、消费者利益以及不正当竞争。

平行进口实际上是在进口国市场同种知识产权产品的进口商与权利人或经权利人授权的独占被许可人之间的价格竞争。知识产权权利人或权利人授权的独占被许可人在一定范围内是受知识产权法保护的，但如果超出此范围，知识产权权利人或权利人授权的独占被许可人就进入到反垄断法的控制之内，此时就应当以反垄断法为准则判断其是否合法。总而言之，知识产权权利人或权利人授权的独占被许可人限制平行进口的目的是构建一种贸易保护措施。而这种贸易保护措施的合法性可以从以下几方面进行判断：①是否正当竞争；②是否限制了进口国市场正常的商业竞争；③是否在进口国市场上设置了不合理的限制竞争行为；④是否排除或改变了竞争的限制平行进口行为。

最高人民法院的2015年中国法院50件典型知识产权案例之中的第12案“维多利亚的秘密”商标侵权案③，从法院判定被告在市场上销售的商品没有侵犯原告的注册商标权可以看出，综合涉案

① See J. S . Chard and C. J. Mellor, Intellectual Property Rights and Paralles Imperts [J]. 12 The World Economy, 1989: 69.

② See Geoffrey Goodale. The New Customs Gray Market Regulations: Boon or Bust for U. S. Trademark Owners , 28 AIPLA, 2000: 335-336.

③ 2015年中国法院50件典型知识产权案例[EB/OL]. [2016-09-24]. http://www.court.gov.cn/zixun-xiangqing-19852.html.

产品性质、来源和混淆的可能性这几方面，上海高级人民法院借鉴了国际权利用尽的观点来进行判定。虽然最高人民法院发布的典型知识产权案例对判定类似案件起到了参照指导作用，但案例终归不是法律条款，不具备法律效力。而且，“维多利亚的秘密”商标侵权案所引发的例如中外商标权人属两个不同的而又存在一定关系的商标权人时该如何判定等仍未有明确的解决方案。所以从一系列类似的案件如“LUX”“ MICHELIN”等判决结果不难看出仍有许多问题有待解决。

从进口国消费者的利益出发，如果平行进口的产品比进口国国内产品在质量上存在不足或者有一定的差别，消费者如何通过售后服务来维权。平行进口产品在国内采用了全新的包装或新的标示这一做法是否违规，该用哪部法律来界定平行进口是否合法，判定平行进口产品侵权的法律依据是反不正当竞争法、商标法还是其他法律法规等问题，都是解决平行进口法律争端中需要明确的。

第二节　平行进口的权利用尽问题与权利边界确定

一、权利用尽原则与平行进口

知识产权作为一种绝对权，知识产权权利人可向任何人主张权利且不须借助义务人的积极行为就可实现其权利。但在实际应用中，任何法律所赋予的权利都要有相应的范围边界来进行约束。知识产权法在保护权利人排他权和独占权的同时也会对其权利作出相应的限制。“权利用尽”就是权利限制的一种。

权利用尽原则（exhaustion doctrine）又称权利耗尽、权利穷竭原则或首次销售理论（first sale doctrine ）①。权利用尽理论的提出最早可追溯到1900年出版的一部由德国学者Josef Kohler撰写的

① 一般而言，在欧洲多使用“权利穷竭”一语，而美国则习惯用“首次销售”一词。

有关专利法的书。① Kohler 教授认为，需要对知识产权人的权利加以必要的限制，以免产生过度垄断，阻碍产品的自由流通。权利人在法律上享有排他性专有权的目的是避免他人利用其发明创造进行商业牟利，从而保护权利人经济利益不受他人侵害。但如果权利人已经从第一次商品销售中得到了一个合理报酬，那么他就不应再从以后的销售中得到好处。也就是说，在这种情况下，权利人必须放弃对其产品的控制权，即他的专利权已经被用尽了。

权利用尽原则适用于排他性的知识产权，如专利权、商标权、著作权等。从地域层面划分，权利用尽按照控制权丧失的大小可分为国内用尽、国际用尽和区域用尽。

（一）国内权利用尽原则（domestic exhaustion）

国内权利用尽原则，即知识产权所有人或其授权第三方将其受本国保护知识产权项下货物投放在国内市场后，则其不可再使用知识产权限制该货物在国内市场继续流通，但是，知识产权权利人仍可凭其权利阻止国外该项货物的进口。② 国内权利用尽方式意图是将国内外市场区分识别，允许知识产权权利人拥有进口权即拥有了对外国该项知识产权货物的阻击力。

对于国内外产品，“国内权利用尽原则”产生的影响却大相径庭，从国内产品角度出发，权利人首次将知识产权产品投放国内市场后③，权利人就必须放弃对其产品在国内的控制权，不能再次从国内的知识产权产品中获得好处。从国外产品角度出发，知识产权产品已由权利人在国外市场投放，但这并不影响该权利人在国内行

---

① Christopher Heath. Legal Concepts of Exhaustion and Parallel Imports [EB/OL]. [2016-09-29]. http://edoc.mpg.de/226920.

② 滕之杰. 商标权权利用尽原则与平行进口问题研究 [EB/OL]. [2016-09-29]. http://www.law-lib.com/lw/lw_view.asp?no=6434.

③ 严格地说，国内权利用尽原则的适用对象应该不仅包括经权利人同意而投放国内市场的知识产权产品，同时还应包括第三人未经权利人许可而根据知识产权法的有关规定所合法制造并投放国内市场的知识产权产品，如先用权人根据在先使用规则而制造并销售的专利产品。但是，由于后者数量很少，因此在下文的论述中，如果不特别说明，一般不予讨论。

使其产品向国内进口并在国内销售和使用的权利。

总的来说，国内权利用尽原则的实施有利有弊。首先，国内权利用尽原则可以有效地提升权利人对国际市场的统筹规划能力，权利人可以根据各个国家的实际情况来制定市场价格和营销策略。再次，国内权利用尽原则的实施迫使国外的知识产权产品必须在征得国内权利人的同意后方能进入国内市场，从而保护了国内市场免受国外产品的冲击，这对国内的知识产权权利人是十分有利的。但对于国内消费者来说，国内权利用尽原则的实施使得平行进口成为一种侵权行为，不利于国内平行进口市场的发展，一定程度上损害了国内消费者的即期利益。①

（二）国际权利用尽原则（international exhaustion）

国际权利用尽原则定位于国内外，这种理论强调只要知识产权权利人或经其授权的第三方在国内或国外任意市场的任何地方进行了第一次销售，那么他就永久性丧失了对该知识产权项下产品的再销售或处置等行为的权利，即无法阻却他人对其产品的再使用、再销售。以1993年拉丁美洲安第斯组织在《工业产权统一条例》中第三十四条规定为例，专利保护产品如果经专利所有人、被许可人或经其授权的任何人同意在任何国家投放市场后，专利所有人不能拥有该产品进口时所能行使的控制权利。

（三）区域权利用尽原则（community exhaustion）

区域权利用尽原则主要适用对象在欧盟，欧盟为打破区域经济壁垒，扩大该区域内国家经济合作所作的规定，在欧盟范围内，如果某知识产权产品被首次投放市场，那么在之后的销售环节中，其他各国不可根据其知识产权地域性原则限制该产品的再次销售；但

① 在一个国家，尤其是对我国这样的大国来说，适当加强知识产权保护，从长期来看必然能够促进技术的进步与应用，相应地也就能够提高生产效率，能够向市场提供更多、更丰富的质优价廉的商品，因此，消费者也能够获得相应的利益；但是，从即期来看，由于加强知识产权保护只能强化权利人对现有技术利用的控制，从而使权利人从现有技术的利用中获取更多的经济回报，那么相应地，消费者对现有技术出的费用就会绝对地增加，因此加强知识产权保护是肯定不利于消费者即期利益的。

此规定仅限于欧盟范围内。

专利方面的依据是1975年《欧盟专利公约》第二十八条，其中规定："欧盟范围内，专利项下产品在任一成员国制造并经专利权人或其授权人同意投放市场后，专利权人的专利权则不可再延及该项下产品有关行为，除非另有欧盟法律规定排除。"那么该公约已明确了专利权区域权利用尽原制。

版权领域，由于数字版权作品的便捷性和无载体，传播方式更方便快捷的特点，欧盟对数字版权作品持谨慎、保守态度。欧盟在1995年《信息社会中的著作权与邻接权》中强调，传统的权利用尽原则仅适用于有形、物化作品或有形复制件的发行，但对于非物化、无形的数字作品由于网络传输则不可适用权利用尽原则。这个规定要求数字作品的复制件不论在欧盟区域内首次销售后，拥有数字作品合法复制件的所有人不可自行出售或处置该复制件。1996年《数据库指令》也强调了这一观点，如果是以传统的传播方式为前提，那么数据库复制件在首次售出后，版权人无权控制该数据库的再销售、再使用；但是如果是在网络环境下的传播行为，那么权利不再用尽，权利人仍然可以阻止其数据库再销售、再使用，总之，如果涉及网络行为的再销售、再使用，那么权利不再用尽，都需要取得版权人同意或授权。

欧盟的区域权利用尽原则在实践中使得绝大多数平行进口处于非法地位，这一做法其实是很危险的。在国际贸易实践中，大多数商标权人为了扩大销售量并没有阻止平行进口的意愿，因此，商标权人会对其商标产品从共同体外的平行进口持默许态度。但是，一旦权利人为了某种目的而希望禁止区域外的平行进口，那么他就可以依赖《商标指令》第七条阻止已经长期存在的平行进口实践。这样就造成了这一部分国际贸易法律状态的不稳定，并对国际贸易的发展产生不利影响。大概正是因为这个原因，英国法院才多次就权利人的默示许可问题请求欧洲法院进行先期裁决。但是到目前为止，欧洲法院仅是在最近的一个判决中表明，在商标权人对商标产品从区域外的平行进口提供了积极帮助的情况下，区域外的平行进口才可以根据默示许可理论视为合法。①

从利益角度看，由于不同的国家对不同的利益的强调或侧重，国际权利用尽原则在国际层面上统一实现尚需时日。前述 TRIPs 的有关规定也清楚地说明了这一点。国际商会（ICC）在 1999 年 7 月进行的有关国际权利用尽原则的调查中，只有少数成员支持国际权利用尽原则。在 ICC 调查报告中，支持国际权利用尽原则的成员认为，国际范围内国际权利用尽原则将允许更大范围的竞争，而这将使消费者受益并消除进入各个市场的人为障碍。日益增长的全球化以及网络技术和电子商务的普及正对国际贸易产生深远的影响。而反对国际权利用尽原则的成员则认为在不同区域对用户收取不同的费用在现在的商业模式下是合理且必需的。适用国际权利用尽原则将可能限制公司在全球范围内的收益，从而影响公司对产品进行研发投入的积极性，且不同国家对产品质量的标准要求不同，允许平行进口即可能导致市场上出现不符合质量标准的产品。② 尽管如此，由于经济的全球化趋势，国际社会在贸易自由化方面所做的种种努力，使国际权利用尽原则具备经济上和法律上的正当理由。

二、默示原则与平行进口

默示许可理论发源于英国普通法。由于知识产权赋予了权利对其智力成果进行商业利用的专有权。从字面意义上讲，这种专有权的控制范围不仅包括知识产权产品的制造，而且还包括该知识产权产品的销售、再次销售和使用。但是，根据常识，我们知道权利人在所有的商业环节中对其知识产权产品的后续销售与使用进行控制，既不现实，也会阻碍和限制该知识产权产品市场的

① 尹峰林．平行进口知识产权法律规则研究［M］．北京：知识产权出版社，2012：118-119.

② 该调查结果显示：在 87 份答卷中，67.8%反对专利权和商标权实施国际权利用尽，54%反对版权的国际权利用尽；20.7%支持专利权国际权利用尽，23%支持商标权的国际权利用尽，17.3%支持版权的国际权利用尽。参见甘古力．知识产权：释放知识经济的能量．宋建华，等，译．北京：知识产权出版社，2004：215-216.

形成和发展。因此，英国在知识产权领域发展出了适用该领域的默示许可理论，此种理论是普通法根据财产法原则在知识产权领域使用的特别化。根据英国财产法的默示许可理论定义分析，即除非有明确的权利保留，财产所有人在将其财产售出后，伴随财产转让行为，财产所有人便将其财产上所有的财产权利全部转让给了财产受让人。英国普通法认为，财产权默示许可理论于知识产权产品亦可适用，即除非权利人在售出时做了相应的权利保留，只要知识产权权利人已经将其产品售出，伴随该出售行为，知识产权权利人就不能再依据其知识产权控制该售出产品的再次商业利用。

产品的销售人员必须明确告知购买人和与购买人相关联的后续购买人，“其购买产品之后将严禁进口该产品到英国销售或使用”，这条告知也是默示原则用以判断产品是否受到约束的标准，而且要确保他们知晓此规定。后续购买人在未被告知此规定不知情的情况下是不受该限制约束的。特别要说明的是，要使法院判定被告承担侵权责任，权利人在诉讼过程中必须要举证被告明确知晓销售此知识产权产品有限制但仍将其进口到国内或在国内销售、使用。

在判定平行进口是否存在侵权的过程中，默示许可理论和权利用尽原则作为两个不同的判断依据，在某种情况下可能会出现相同的判定结果。其中较有代表性的是日本的“BBS 铝制车轮”案，日本东京高院采用国际权利用尽原则来判定，而日本最高法院的判决考虑到开放日本平行进口的市场而选择默示许可理论作为折中的解决方法，判决结果依据默示许可理论和权利用尽原则均可认定平行进口行为都不构成侵权。

默示许可理论和权利用尽原则的区别主要表现在以下三个方面：

1. 默示许可理论和权利用尽原则理论基础不同

一般认为，发源于英国普通法的默示许可理论的基础是财产权转移理论，即知识产权产品亦属财产所有权范畴。对于知识产权保护的产品，其前提是如果所有人没有保留某些权利，那么购买者在购买了该产品后便取得了该产品的财产权，并且购买者可以根据其意愿处理这些产品。① 而权利用尽原则的理论基础是“报酬论”，该理论认为知识产权权利人已经通过首次销售获得对于其创新的奖励与回报，因而不应再依据知识产权对于其知识产品享有继续控制流动的权利。

2. 默示许可理论和权利用尽原则适用的结果不同

默示许可理论在处理平行进口问题时由于对“默示许可”的判断差别因而会产生结果判断的不确定性。用默示许可理论断定权利人是否可以阻止平行进口行为取决于在此过程中是否存在“默示许可”的情况，而法官是判断是否存在“默示许可”情形的关键。在美国，如果权利人在销售区域没有对其销售的商品给予相应的限制，那么法官可以根据适用默示许可理论结合实际情况来判定是否存在“默示许可”的情形。如果法官裁定“默示许可”存在的情况即没有对其销售的商品给予相应的限制，那么权利人就无权阻止产品的平行进口；反之，权利人可以行使阻止平行进口的权利。与默示许可理论不同的是，权利用尽原则在处理平行进口问题的结果上是具有确定性的。当属国际权利用尽原则范畴时，权利人在首次销售获得利益后其权利就丧失，权利人就无权制止此产品的平行进口，进口商的平行进口行为就不涉及侵权。当属国内权利用尽原则范畴时，除返销式的平行进口合法外，由于权利人的知识产权仍受保护，因而此时的平行进口行为将可能涉及侵权。

3. 默示许可理论和权利用尽原则在合同中拥有的约束力不同

默示许可理论仅存在于合同约束的情况下，但此时仍受到专利法的约束，即合同销售限制不论表达的是明示或是默示都可以认为是对进口行为的不许可，所以进口商的平行进口行为就构成了侵权。而权利用尽原则则认为合同内部限制与知识产权法的制约无关，权利人对于违约行为仅可求助于合同法救济而非知识产权法来维护自己的权利。权利用尽原则作为知识产权的一种客观存在的内在限定，它不受权利人是否提出限制销售条件的影响。由此可以推

① Christopher Heath，Parallel Imports in Asia，Kluwer Law International，2004：14.

断，购买者如果违反权利人提出的限制销售的条件，则仅仅是一种违反合约行为，该行为并不与权利人的知识产权产生冲突。

三、欧盟对重新包装与更换商标后权利边界确定之考察

（一）重新包装

某些国家对商品包装有一些强制性规定，平行进口商为了使产品能够顺利进入该国市场就必须对商品进行重新包装、重新贴附原商标。① 假设商标权人在进口国与出口国对同一件商品注册了不同的商标，平行进口商为了更好地使产品融入进口国市场从而将平行进口商品的商标替换成商标权利人在进口国注册的商标。平行进口商这种重新包装的行为是否合法以及重新包装的改变程度应该如何掌握，这都是平行进口中应当解决的权利边界问题。

对欧洲法院关于重新包装的一系列典型案例②总结后发现，平行进口方对其进口产品进口后所进行的重新包装或更换商标③的行为如果符合下列条件，国内商标权人则无权干预：①商标权人其目的在于人为地分割成员国间销售市场，并采取相关市场销售模式，因而进口方的重新包装或更换商标是对其销售有帮助的；②重新包装并未对其知识产品带来负面评价或影响；③重新包装应在明显位置注明原产品制造人和重新包装人；④平行进口商已在新包装上市前将重新包装情况如实告知商标权人；⑤重新包装外形设计和使用

---

① Commission Communication on parallel imports of proprietary medicinal products for which marketing authorizations have already been granted, Brussels, 2003: 11.

② case 102/77 Hoffmann-La Roche (1978) ECR 1139, case l/81 Pfizer v Eurim-Pharm (1981) ECR 2913, joined cases C427/93, C-429/93 and C-436/93 BristolMyers Squibb and Others (1996) ECR I-3457, case C-379/97 Upjohn (1999) ECR l-6927, case C-443/99 Merck, Sharp &Dohme (2002) ECR I-3703 and case C-143/00 Boehringer (2002) ECR I-03759.

③ Pharmacia & Upjohn SA v Paranova A/S (Case C-379/97) 一案具体讨论了更换商标的问题。

对商标或者权利人的声誉未造成损害。①

如果商标权人对同一种商品在不同的成员国进行不同的包装，并且该商标标示产品来源的功能仍不受影响，产源状况等不受损害的情况下，要求进口方仍然不得对其产品进行相应的重新包装，这种情形就可能成为一种隐蔽的知识产权限制措施。因此，关键是进口方对商标产品的重新包装是否会损害产品的原始状况，在判断产品的原始状况是否受到损害时，需要根据案件的不同情况，尤其要根据产品的性质和重新包装的方法，进行考量。根据产品的性质，在一些情况下，重新包装会不可避免地影响产品的状况；而在另外一些情形下，重新包装影响产品状况的可能性则很小。当然，还存在重新包装不会影响产品状况的情形，又如在公共监管机构的监督下进行的重新包装，以确保产品不受损害。在确保商标标示证明产品来源的功能不受损害的前提下，并在考虑到商标权人所使用的销售模式的情况下，如果商标权的行使阻碍了成员国间商品的自由流动，有助于人为地分割成员国间的市场，那么这种权利的行使就可以构成隐蔽的知识产权限制措施。

在通常情况下，只有商标权人或经其许可的人才有权将其商标贴附在其产品的包装上。但在商品自由流动原则下，平行进口商就有了一种未经权利人许可而在新包装上贴附原商标并销售该产品的权利。为了保障商标权人的利益并防止平行进口商滥用上述权利，因此，只有在重新包装不对产品的状况产生有害影响的前提下，才允许平行进口商进行重新包装。又由于为了防止消费者受到误导，免受与其他产品混淆之害，亦为商标权人的利益所在，只有在平行进口商提前通知了商标权人并在新包装上声明该平行进口商为重新包装人的前提下，才能允许平行进口商销售其进口的产品。

因此，欧洲法院裁定：在通常情况下，如果商标权人在两个成

① 前四个要件为欧洲法院在 Hoffmann-La Roche & Co. AG V. Centrafarm Vertriebsgesell schaft Pharmaz eutischer Erzeugnisse mbH（Case-102/77）一案中所确立；第五个要件为欧洲法院在 Bristol-Myers Squibb v Paranova A/S（C427/93）一案中所增加。

员国拥有商标权并将其商标产品在其中一国投放市场，第三人从该国购得该产品而未经许可对该产品进行重新包装并在该新包装上贴附原商标，那么商标权人可以通过其在另一成员国的商标权来拒绝重新包装的产品投放市场，是符合《欧共体条约》第三十六条第一句的；但是，在满足下列四个条件的情况下，商标权人行使进口国商标阻止重新包装产品的进口和销售的行为属第三十六条第二句所的隐蔽的限制措施：①商标权人的目的在于人为地分割成员国间销售市场，并采取了相关市场销售模式，因而进口方的重新包装或更换商标是对其销售有帮助的；②重新包装并未对其知识产品带来负面评价或影响；③重新包装应在明显位置注明原产品制造人和重新包装人；④平行进口商已在新包装上市前将重新包装情况如实告知商标权人。

商标权人主张区域权利用尽原则的适用范围不应扩张到重新包装领域。欧洲法院认为，根据以往有关第三十六条的判例，在一定条件下，商标权人将其商标贴附于商品之上的专有权利可以被视为权利用尽，以便使平行进口商能够销售经权利人同意在其他成员国销售的商标产品。① 而主张第七条第一款所规定的区域权利用尽原则不适用于重新包装及在新包装上重新贴附原商标的行为，则是对以前有关第三十条和第三十六条所形成原则的重大改变。根据《商标指令》的立法史，《商标指令》第七条并不意图对以前有关权利用尽原则的判例法规则进行限制。而且，由于指令无权使条约所禁止的共同体内的贸易障碍合法化，因此，能导致出现这种效果的对指令的解释亦应受到禁止。另外，根据以往判例，《商标指令》第七条第二款应被解释为：如果平行进口商重新包装了权利人的商标产品并在新包装上重新贴附了原商标，那么除满足Hoffmann-La Roche 案所设定的四个条件的情况外，商标权可以合

① Case 102/77 Hoffmann-La Roche v Centrafarm [1978] ECR 1139 ; Case 3/78 Centrafarm v American Home Products Corporation [1978] ECR 1823; and the judgments given today in Joined Cases C-71/94, C-72/94 and C-73/94 Eurim-Pharm v Beiersdorf and in Case C-232/94 MPA Pharma v Rh? Ne-Poulenc Pharma.

法地禁止该产品的进一步销售。

为了更好地保护商标权人的利益，欧洲法院还根据判例给合法的重新包装行为增加了一个必要条件，即重新包装外形设计和使用不得损害商标或者权利人的声誉。欧洲法院认为，即使平行进口商在新包装上标明了自己为重新包装，但是如果该重新包装的外形不适，仍然有可能损害商标的声誉，并进而影响权利人的形象。在重新包装的外形不当损害了商标和权利人声誉的情况下，权利人就有与商标权的特殊主题有关的合法理由，禁止该重新包装产品在市场上销售。在评价重新包装是否有损商标的声誉时，必须考虑到产品的性质和产品所行销的市场等因素。

另外，值得注意的是，平行进口商除了有义务提前通知权利人外，如果权利人要求平行进口商提供一件重新包装后的样品，那么平行进口商亦应根据要求提供样品。之所以这样规定，就是为了使权利人及时检查重新包装是否直接或间接地影响了产品的原始状况，重新包装的外形是否有损商标的声誉，同时，这个规定也可以使权利人更好地打击假冒产品。

（二）更换商标

在平行进口案件中，除了可能涉及重新包装的问题外，有时由于商标权人在不同的成员国的同一产品上使用不同的商标。平行进口商为了使产品能够进入进口国市场，则可能将产品外包装上出口国的产品的商标更改为进口国的商标。平行进口商这种未经授权私自更换商标的行为是否越过权利边界是值得研究的问题。

根据以往的判例，《商标指令》第七条与《欧共体条约》第三十六条一样，都应该做到协调一致地保护商标和商品自由流动二者的核心利益，也就是说，这两条规定的立法目的是一致的，因此，必须使用同样的方法解释这两条规定。根据法院以往的解释，在重新包装并在新包装上贴附原商标的情况中，商标权人有权行使国内商标权禁止该行为，但以该禁止能够导致分割成员国间的市场为例外。对重新包装的情形和更换商标的情形不应适用不同的标准。欧洲法院认为，重新包装与更换商标二者的情形没有实质的差异，这一观点亦为欧洲法院所支持。这是因为：第一，在同一产品上使用不同的包装与在同一产品上使用不同的商标，二者都同样有助于分割共同市场；第二，在新包装上贴附原始商标与将原始商标替换为另一个商标一样，二者都属平行进口商使用非其所有的商标的行为。相应地，如果进口国的商标权人可以使权利人禁止他人重新包装或更换商标的行为，并且对平行进口商在进口国销售该产品来说该重新包装或更换商标是必要条件，那么，无论权利人是否有分割共同市场的故意，这种情况都导致了共同体内贸易的障碍，并人为地造成了内部市场的分割。

从权利边界角度透视平行进口商为了销售其进口的产品更换商标是否侵权，认为应具体由成员国法院根据个案当时的情况进行综合判断。如果进口国法律法规对商标产品不可进入该国有规定，那么为促进平行进口，进口商就可以更换商标进入进口国；或者是出口国的商标可能导致消费者混淆的情况下，为保护进口国的消费者利益出发而禁止出口国商标在进口国的使用，则此时平行进口商就有必要更换商标。相反，如果平行进口商为保持其商业优势需要更换商标，则更换商标就没有必要，亦要考虑其他侵权的可能性。

值得注意的是，对世界上大多数国家来说，即使是对在国内流通的商标产品，商标法亦不允许第三人未经许可而为了商业目的进行重新包装或更换商标，由此可见欧盟对商标在成员国间自由流动问题的重视程度。欧盟考虑到各成员国目前一般都有自己的商标注册体系，各成员国法律或商业实践对某些产品的管制规则可能存在差异，为了确保商品在成员国间的自由流动，欧洲法院还通过对《商标指令》第七条和《欧共体条约》第二十八条至第三十条的进一步解释，有条件地允许平行进口商对同一产品进行重新包装或更换商标。

四、美国平行进口产品质量差异权利边界确定之考察

因为全球不同国家在经济、人文、宗教、环境、语言、法律等各个方面或多或少存在差异，因而作为国际品牌的决策者会根据各个国家消费者的特点作针对性的调整，就其产品的质量、款式、功能的改变，以满足不同国家消费者的消费需求，以期不同的质量产

品满足不同国家的消费者是确实存在的客观现象。如果由于产品质量不符合进口国要求则会导致消费者对产品质量评价较低以及引发降低品牌评价的情形。那么作为经济发达、对于产品质量要求较高的美国，对于此问题的处理可以作为我国对此立法的借鉴。

美国的 Lever Bros. v. United States① 案最具有代表性，并且引起海关法规的修改。原告美国 Lever 公司与平行进口产品生产者英国 Lever 公司属于有着共同控制关系的公司，两家均为洗涤品生产制造公司，他们共同使用“Shied”商标用于香皂商品销售，用“Sunlight”商标用于洗碗液销售。平行进口商从英国进口其“Sunlight”洗碗液到美国销售，致使美国的 Lever 公司要求海关禁止放行该批货物。首先，美国海关拒绝了美国 Lever 公司的请求，其根据为海关规则的共同控制例外规则；之后，初审法院亦支持了海关的做法；最后，上诉法院支持了原告请求，因为原告提出了两国产品有“实质性差异”存在。上诉法院认可美国与英国水质环境不同，虽然是同种商标的产品，但美国的洗涤产品却是根据其地质软水而进行设计产生的，其产品使用后会产生足够的泡沫，而在英国销售的洗碗液设计却是适用于英国硬水的环境的成分，因而，对消费者来讲，具有显著的差异，平行进口行为造成混淆会损害原告的声誉，平行进口商的行为违反了《兰哈姆法》第四十二条的规定，法院最后裁定英国进口商品并不是“真品”，未经美国商标所有人的许可不能进口到美国。美国海关针对 Lever 案中表现出来的实质差异商品的平行进口问题专门修改了相应的海关规则，形成了 Lever 规则。Lever 规则保护是对“共同控制例外”的特殊情况处理。根据海关规则的规定，关联关系主要针对美国公司与外国公司存在以下联系：一是美国商标所有人在国外生产的产品的平行进口的返销行为；二是美国商标权人与外国公司是子公司关系，其在国外产品输入美国进行销售；三是美国商标权人与外国公司是母公司关系，其在国外产品输入美国进行销售。此时，美国商标权人除非证明产品有“质量实质性差异”才能申请海关以该产品属“受

① Lever Brothers Co. v. U.S., 981 F. 2d 1330 (D.C. Cir. 1993).

限制的灰色市场商品”（Restricted gray market goods）① 对其权利进行保护而对平行进口商品进行扣押或没收。② 2007年的海关规则③明确指出，如果美国商标权利人发现市场上平行进口商品存在“物理上或实质上的差异”并以此为依据向海关申请保护自己的权益，权利人需要向美国海关提交关于未授权产品与授权进口产品存在“物理上或实质上的差异”的说明材料。在这种情况下，美国商标所有人必须说明“物理上或实质上差异”的细节，并且提供必要的证据证明这种差异的存在，另外还要提交一份该差异的摘要以用于公布。海关在收到上述资料后，应该认真审查并决定申请人授权进口或销售的商品与未经授权的商品之间是否存在“物理上或实质上的差异”。在作出决定的过程中，海关可以但并不限于考虑以下因素：①授权商品与灰色市场商品相比所具有的特殊成分（包括化学成分）；②授权商品与灰色市场商品相比所具有的特别的配方、构造、结构或零部件；③授权商品与灰色市场商品间不同的演示或操作特性；④由于法律法规的要求或认证等情况所引起的差异；⑤其他可能引起消费者混淆或产生欺骗的显著而明显的因素。④

美国商标所有人以其授权的商品与灰色市场上的商品存在实质差异为由而向海关申请Lever规则保护后，美国海关应该在其海关公报上公告该申请。海关在审查后应作出是否给予商标所有人海关保护的决定。在海关作出并公布该决定之前，对申请保护的各方当事人来说，Lever规则保护申请并不发生法律效力。如果海关最终决定授予Lever规则保护，那么海关就应在其海关公报上公布该受到Lever规则保护的商标及其特定商品。⑤

平行进口商可以利用两种途径来救赎被海关扣押的受限制的灰

① 19 C. F. R. sec. 133. 23（a）（3）.

② 19 C. F. R. sec. 133. 23（c）and（f）.

③ e-CFR Data is current as of June 14, 2007.

④ 19 C. F. R. sec. 133. 2（e）.

⑤ 19 C. F. R sec. 133. 2（f）.

色市场商品：一是平行进口商向美国海关提交有效的关于未授权产品与授权进口产品不存在“物理上或实质上的差异”① 的证明，二是平行进口商按照海关有关要求在产品外包装上粘贴符合规定的标签。② 在产品包装上粘贴符合海关规则规定的标签指的是满足以下条件：①标签应该牢固地贴在商品外包装上而且要求粘贴位置明晰，使美国第一个消费者能在购买时清楚辨认；②标签内容应有如下文字：“本商品不是美国商标所有人授权进口的商品，本商品与授权的商品具有物理上和实质上的差异”；③标签必须粘贴在商标周围，不论是统一包装还是零售包装，粘贴的位置一定要明晰；④不论该产品是否已经存在提醒消费者不要混淆的信息，该标签都必须注明此类信息。③

第三节　著作权平行进口纠纷的处理原则

我国《专利法》中虽然明确规定了权利用尽原则，但是《著作权法》与《商标法》中却没有就权利用尽与否作出明确规定。考虑到我国现阶段研发新技术的能力仍需提高，经济、科技等方面的综合实力仍然与英美日等发达国家有很大的差距，所以国家在专利领域采取了允许平行进口的规则，规定了平行进口中的权利用尽原则。但是在版权和商标方面还需要对权利人权利是否用尽，平行进口是否合法，知识产权人权利是否应当有范围进行界定。《伯尔尼公约》第五条第二款明确规定：“对于版权作品的保护，无需遵循任何手续，同时，也不依赖作品是否在原来源国也受到相应的保护。”这一条款就是我们通常所讲的版权自动保护原则。全世界大部分国家参与了《伯尔尼公约》和《世界版权公约》。参加《世界版权公约》的国家即便是保留注册版权制但仍然无法要求国外作者必须履行版权保护手续，但对本国国民可以进行要求。由此可

① 19 C. F. R. sec. 133. 23 (d) (2).

② 19 C. F. R sec. 133. 23 (d) (3).

③ 19 C. F. R sec. 133. 23 (b).

见，版权在获得相应专属权利方面比专利权和商标权要容易很多，这也是平行进口大量出现的原因。

一、从约翰威利出版社案看美国对权利用尽原则立法选择

涉及版权平行进口的相关问题的 Kirtsaeng V. John Wiley&Sons，Inc. 案作为典型案例对首次销售原则有指导作用。① John Wiley（亚洲）公司是 John Wiley（约翰·威利）公司的全资子公司，主要负责亚洲地区英语教材的出版和发行。凡是由 John Wiley（亚洲）公司发售的每本教材上都会写有只能在除美国以外的特定国家或区域进行销售。一名在美国留学的泰国留学生 Kirtsaeng 发现 John Wiley（亚洲）公司和 John Wiley（约翰·威利）公司出版的同种英语教材在内容上基本相同但价格却相差较大。于是他就从泰国购买价格较低的由 John Wiley（亚洲）公司发售的书籍邮寄到美国进行贩卖，从中赚取差价，获利近 90 万元。John Wiley 公司在发现此行为后以 Kirtsaeng 的行为侵犯了其发行权为由向法院提起诉讼。Kirtsaeng 以首次销售原则为自己辩护。一审、二审法院均认为首次销售不能适用于生产于外国的图书，Kirtsaeng 败诉，但 2013 年美国最高法院再次审理本案，最高法院认定，《美国版权法》第一百零六（3）条赋予了版权人控制作品分销的专有权利，“首次销售”② 原则适用于在国外合法制作的作品复制件，国会在订立该条时没有认为国会在订定第一百零九条（a）时并没有附加地理限制之意，此项解释符合法律解释原则：“当成文法接手规范之前普通法规范的议题时，可以假设国会有意维持普通法的本体”，而普通法的首次销售原则是从不作地理区分的，该院也不认

---

① Kirlsaeng v. John Wiley&. Sons，Inc. 113 S. Ct. 1358（2013）.

② 第一百零九（a）条规定的首次销售理论限制了第一百零六（3）条中专有分销权的适用范围。第一百零九（a）条规定，尽管存在第一百零六（3）条的规定，以合法手段获取的著作权产品的所有人或该所有人授权的任何人，可以不经著作权人授权而进行销售或处分，这就是所谓的首次销售理论。

为国会有意以版权制造可用来威胁普通学术、商业及消费者活动的限制，也就是以权利用尽原则适用于国外合法生产的作品复制件为由认定 Kirtsaeng 的行为不构成侵权。最终确定了对于版权平行进口问题采取国际权利用尽原则的做法。在本判决之后，之前主张权利用尽原则应仅适用于在美国境内取得的合法重制物的判决及其问题类型就不再有意义。例如美国 Omega 公司主张其手表上设计的地球标志具有版权，因此曾控诉 Costco 公司在国外购买大量 Omega 公司生产的手表，未经允许运回美国贩卖，侵害其版权。①

二、著作权平行进口纠纷处理原则的具体分析

著作权的平行进口因为著作权商品同时具有著作权和物权两个特征，所以较货物贸易的平行进口要复杂得多。著作权受让人通过给予著作权所有人一定费用后取得其某一区域著作权转让或著作权许可使用的资格，著作权受让人在这一特定区域享有独家利用自己著作权中的一项或多项权利（如复制、发行原作品）的特权。著作权受让人在取得作品的复制权、发行权后可以自己制作复制品进行销售。著作权受让人的这种销售行为是在著作权贸易中的发行行为。与之相对的是货物贸易商将国外大量的复制品通过正规渠道进口到国内进行销售，贸易商的这种行为是在货物贸易中的发行行为。以上两种发行行为如果都是源自境外而实现于境内，就会引发该著作权受让人和货物贸易商之间“平行进口”的冲突。在全球一体化越来越明显、国际贸易自由化程度不断提高、著作权国际保护力度不断加强的大环境下，著作权的平行进口问题也不可避免地多了起来。

首先，从法律依据角度出发，我国《著作权法》没有对权利用尽原则作出规定，没有规定未经著作权人许可而进口其作品的问题，同时与之相关的法律条款例如《反不正当竞争法》《合同法》《侵权责任法》《知识产权海关保护条例》也未规定著作权领域的平行进口问题。如果从著作权权利人处购买其作品的复制件并转售

① Costco Wholesale Corp. v. Omega . S. A. 1 31 S. Ct. 565.

的行为，认为已经可以被发行权所覆盖并且不属于《著作权法》第二十二条规定的合理使用豁免情形，因而该行为就会构成对著作权人著作权侵害。但在实践中较难处理这种转售行为，再者我国对著作权平行进口仍未表明态度，从而使市场主体无法对自己的行为产生判断预期。另外，我国目前仍属著作权产品的净进口大国，因而《著作权法》中规定著作权产品权利用尽原则总体上是有利于我国文化事业发展，有利于国内作品使用人，如果禁止著作权的平行进口，许多优秀的国外文化产品就无法引进，那么我国的消费者就是最大的受害者。外国作品①的进口权在《实施国际著作权条约的规定》第十五条中有较为明晰的规定。国外的著作权人有权对侵权复制品或者是不保护其作品著作权国家的复制品的进口行为进行制止。但对于“侵权复制品”并没有给予明确的界定。这里的“侵权复制品”可以推断是相对于合法制作的复制品而言。因此根据《实施国际著作权条约的规定》第十五条②可以看出外国作品著作权人无权禁止国外合法制作的复制品进口，即国家允许外国作品复制件的平行进口行为。从这个角度也证明，平行进口权利用尽原则对权利人和使用人都有利，他们可以对其权利使用和义务承担有明确的预期和判断，更加有利于作品的传播和利用，便于著作权纠纷产生和解决。笔者认为，应当明确著作权人在以国际权利用尽原则基础上进行权利界限的划分，即一旦著作权人或授权人将著作权作品投入市场流通后，著作权人就丧失了对著作权作品再次流通

① 根据《实施国际著作权条约的规定》第四条规定，这里的“外国作品”包括如下作品：(1) 作者或者作者之一，其他著作权人或者著作权人之一是国际著作权条约成员国的国民或者在该条约的成员国有经常居所的居民的作品；(2) 作者不是国际著作权条约成员国的国民或者在该条约的成员国有经常居所的居民，但是在该条约的成员国首次或者同时发表的作品；(3) 中外合资经营企业、中外合作经营企业和外资企业按照合同约定是著作权人或者著作权人之一的，其委托他人创作的作品。

② 《实施国际著作权条约的规定》第十五条规定，外国作品的著作权人有权禁止进口其作品的下列复制品：(一) 侵权复制品；(二) 来自对其作品不予保护的国家的复制品。

的控制权。考虑到著作权作品的多样性和复杂性，对于具有实体的著作权作品是允许平行进口行为发生的，但对于依托于互联网的数字著作权作品，因为其传播的特殊性所以适用权利用尽原则意义不大。

其次，从权利使用范围考虑，《著作权法》没有明确第二十四条和第二十五条著作权使用许可合同中许可使用的地域范围之最小界限。如果以国家或单独关税区为最小单位的理解显然是可以的，但是如果将此“地域范围”缩小成一个国家或单独关税区内下辖的行政区域，例如采用限制性协议或单方面的限制行为要求售卖行为限定在一个国家或单独关税区内下辖的行政区域内，那么就有可能涉嫌以纵向协议方式控制国内市场竞争，进而直接损害国内市场的公平正当竞争。

由于缺乏对平行进口权利用尽原则相关规定，因而著作权人缺乏相应的权利界限认识，从内部边界讲，著作权人不能任意扩大发行权的权利范围，对合法销售后的原件或复制件的进一步流转进行控制，比如在作品上限定销售区域，抑或在著作权许可合同及相关销售合同中做转售等规定，从而继续控制著作权作品的进一步流通。

从外部边界理论分析对于扩大了著作权发行权的权利范围来控制著作权作品进一步流转或价格维持限定①这种行为，著作权人可能涉嫌垄断，即排除了竞争，违反了著作权法鼓励作者的创作，鼓励文化和文明的传播这一宗旨，当然这需要根据权利平衡原则并结合合同具体条款以及著作权人市场力量综合进行分析判断。因此，笔者认为，第二十四条和第二十五条意义上“地域范围”的最小单位一般是国家或单独关税区。因而，如果著作权转让合同或许可

① 2010 年 1 月 8 日中国出版工作者协会、中国书刊发行业协会、中国新华书店协会联合发布了《图书公平交易规则》，规定出版一年内的新书进入零售市场时须按图书标定实价销售，网上书店或会员制销售时不得低于 8.5 折销售。这一规定实际上是一种典型的最低转售价格维持行为。

合同划定的区域范围是国家或单独关税区内下辖的行政区域，那么依据合同所造成的在一个国家内的著作权的权利分割只能对合同当事人有约束力，第三人则不应受此约束。也就是说，合同当事人如果不遵守合同约定在其他地域复制、发行作品复制件可以依照合同约定承担违约责任，但是第三人在一个行政区域合法获得作品复制件后，就可以将其运到其他的行政区域进行使用或转售。第三人既不会构成违约，也不会构成著作权侵权，即使这样做会使该区域的权利受让人或专有使用权人的利益受到损害。

最后，平行进口商的“搭便车”行为如果在销售中未区分来源，则属于对诚实信用原则的违反，即平行进口商在追求其自身经济利益的同时损害了原有著作权人基于作品享有的合法利益，因而当进口商虚假宣传自己与著作权人作品复制件完全一样，不示区分，从而导致消费者混淆来源，应依据诚实信用原则以及公平原则判断此种行为属于不正当竞争行为中的虚假宣传行为，应该以反不正当竞争法中的条款来予以约束以维护作者利益与社会利益的平衡。

第四节　商标平行进口纠纷中的权利边界

一、从米其林系列案谈平行进口中商标专用权权利边界

（一）案情简介

以2009年湖南长沙中级人民法院审理的米其林集团诉谈某、欧某与诉明某两起侵犯商标专用权案件为例。①

第一起案件中，被告谈某与欧某系配偶，在谈某开设的汽配经营部中售卖的米其林215/55R16型轮胎是原产于日本的轮胎，轮

① 原告米其林集团总公司因与被告谈国强、欧灿侵犯商标专用权纠纷案（［2009］长中民三初字第0073）；原告米其林集团总公司因与被告胡亚平侵犯商标专用权纠纷案：（［2009］长中民三初字第0072号）。

胎上标注了米其林商标标识且标注了“215/55R16”“93W”等技术指标标识；但是依照中国《第一批实施强制性产品认证的产品目录》要求，该轮胎上没有3C认证标志，于是米其林集团认为两被告应当知道无3C认证的轮胎不具备销售条件，但两被告仍然进口、销售，因而其行为不具合法性，主观上也具有过错，虽然轮胎经米其林确认确实是其日本工厂生产，但认为这不是免除赔偿责任的条件，因而两被告应停止侵权、赔偿损失。当事人双方对轮胎是米其林公司合法产品无争议，轮胎无3C认证无争议。法院总结双方争议焦点为以下两点：一是被告的进口、销售行为是否侵害了原告米其林集团的商标专用权；二是被告销售为米其林公司生产的产品是否认定为法定免责条件。

长沙市中级人民法院认为，尽管原告承认轮胎是日本工厂生产，但由于该产品销售不具有中国认可的质量认证，因而也许存在安全性能隐患，也没有获得米其林公司在中国销售的许可，因而损害了消费者对米其林产品的质量和信用的信任，构成商标侵权。关于销售米其林公司生产的产品是否属免责条件，根据《商标法》第五十六条第三款规定适用免责条款应当具备两个条件：一是能证明该商品是自己合法取得并说明提供者的；二是证明自己不知道销售的是侵权商品。而被告作为汽车轮胎经销商应当知晓3C是强制认证，因而认定不适用免责条件，应当承担相应的停止侵害、赔偿损失的民事责任。

在米其林集团总公司诉胡某侵犯商标专用权案中，被告胡某系个体工商户，也是一轮胎经营部的经营者，胡某案与谈某、欧某案的不同在于胡某案涉案轮胎虽然也是来自日本的正品轮胎，但该涉案轮胎经过了3C认证。胡某案的主要焦点在于：该案涉案轮胎上除标有米其林商标外，还标有“225/55 R16”“95Y”等技术指标标识。根据2007年中国国家监督检验检疫总局及国家标准化管理委员会共同发布的“轿车轮胎国家标准”（GB 9743—2007），对轮胎速度符号Y对应的最高行驶速度为300 km/h，也是最高级别的速度符号。不过，中国质量认证中心发给原告的“225/55 R16”

的轮胎的速度级别有 Q、S、T、H、V、W，但是没有 Y 级别，虽然被控侵权轮胎上标注有 3C 认证标志，但可以认定该轮胎系由米其林同型号其他速度级别的产品修改后的轮胎产品。

长沙市中级人民法院认为修改轮胎速度级别是一种以次充好的行为，属对消费者的欺诈；另外，修改轮胎速度级别也破坏了商标权利人与注册商标、商品之间的真实联系，是侵害商标权指引、识别功能的一种表现。因此，长沙市中级法院认为该案所涉及的这种改变速度级别的轮胎产品，让相关公众误认为是原告米其林集团生产的 Y 级轮胎，使消费者对产品的来源发生认识混淆，从而侵害了商标权人对于产品质量保证的商业信誉，构成了商标侵权，被告应当承担民事责任。

（二）平行进口商品合法性判断

米其林轮胎系列案反映了商标领域平行进口问题的复杂性，主要涉及两个具体问题：一是对需要强制认证的产品，平行进口该产品是否构成商标侵权；二是错误标记平行进口产品的等级，是否构成商标侵权。对上述两个问题，长沙市中级人民法院都作出了构成商标侵权的回答。长沙市中级法院作出上述判决的主要理由是商标保护的目的之一是为了保护商标权人的商誉，而未经强制认证的且带有商标权人商标的平行进口产品在市场上流通，或者销售商错误标记平行进口产品的等级，尤其是将低等级产品标注为高等级产品，均会导致米其林商标权声誉受损，因而，也就构成了商标侵权行为。

我们可以通过该系列案查明事实及判决结果分析出该系列案的裁判逻辑：被告虽然销售的不是假冒原告注册商标的产品，但是被告销售的轮胎没有中国要求 3C 强制认证标志或标记了错误的产品等级，因而可以认为轮胎产品存在质量安全问题，由此发生交通事故会引发原告商业信誉评价降低。商标是商业信誉的表现，而且由于被告销售行为未取得原告许可，因而侵犯了原告的商标专用权。笔者认为，法院对于确定该行为侵犯原告商标专用权的判决值得商榷，理由如下：

首先从法律条文分析，被告行为没有侵犯原告注册商标专有权。根据我国《商标法》第五十七条①第七项，还有根据2002年《最高人民法院关于审理商标民事纠纷案件适用法律若干问题的解释》，从第一条规定②分析可知，即使未经强制认证或者被错误标记了商品等级的平行进口产品，亦不属原《商标法》第五十二条第五项（现《商标法》第五十七条第七项）或《最高人民法院关于审理商标民事纠纷案件适用法律若问题的解释》第一条所规定的情形，因而从条文分析，被告行为没有侵害原告商标专用权。

其次，从法理标准进行判断被告是否侵犯注册商标专用权，笔者认为被告行为没有侵犯原告的商标专用权。判定侵犯注册商标专用权的标准一般为混淆标准，而本案显然并未采用混淆标准，而是采用了所谓"商誉受损"标准，那么"商誉受损"标准不应作为判定侵犯注册商标专用权标准。错误标记轮胎等级使原告商誉受损，并非属《商标法》规定的商标侵权行为，因而不宜按照《商标法》处理，可以根据《反不正当竞争法》第九条起诉被告虚假宣传为宜。

---

① 我国《商标法》第五十七条规定，有下列行为之一的，构成侵犯注册商标专用权：（一）未经商标注册人的许可，在同一种商品上使用与其注册商标相同的商标的；（二）未经商标注册人的许可，在同一种商品上使用与其注册商标近似的商标，或者在类似商品上使用与其注册商标相同或者近似的商标，容易导致混淆的；（三）销售侵犯注册商标专用权的商品的；（四）伪造、擅自制造他人注册商标标识或者销售伪造、擅自制造的注册商标标识的；（五）未经商标注册人同意，更换其注册商标并将该更换商标的商品又投入市场的；（六）故意为侵犯他人商标专用权行为提供便利条件，帮助他人实施侵犯商标专用权行为的；（七）给他人的注册商标专用权造成其他损害的。

② 《最高人民法院关于审理商标民事纠纷案件适用法律若干问题的解释》第一条规定，下列行为属商标法第五十二条第五项（现《商标法》第五十七条第七项）规定：（1）将与他人注册商标相同或者相近似的文字作为企业的字号在相同或者类似商品上突出使用，容易使相关公众产生误认的；（2）复制、模仿、翻译他人注册的驰名商标或其主要部分在不相同或者不相类似商品上作为商标使用，误导公众，致使该驰名商标注册人的利益可能受到损害的；（3）将与他人注册商标相同或者相近似的文字注册为域名，并且通过该域名进行相关商品交易的电子商务，容易使相关公众产生误认的。

再次，强制认证是新型事物，我国实施强制认证的目的也在于保证国家安全，保护人民健康和安全，保护环境等公共利益为目的而贯穿实施的国家行为，并非为了保护商标权人的私权而设，虽然没有强制认证的平行进口商品可能会损害商标权人商誉，但是商标法没有明确规定，因而不宜认为构成商标权的侵害行为。笔者认为米其林集团可采用行政救济手段，由行政部门对违反强制认证的经营者进行处罚更为适合。

最后，笔者认为，随着平行进口现象越来越普遍，以平行进口原装车为例，国外平行进口至中国的原装车之质量生产标准均是按照该出口国要求生产的，因而当原装进口车进入中国市场售卖之前，需要验证该车是否符合中国的安全运行标准的质量检测才可售卖，而并没有对该车一切车身零件均必须按照中国产品质量标准生产之销售要求。另外，中国很多海关关口允许外国挂两地牌照（该国和中国）车辆进出两国①，而这种情形下，对进入中国境内的外国车辆车身零件以及轮胎均要求其具有中国的3C认证是不符合实际的；具体要求是对于进入中国边境的外国车辆，只要其经过中国车辆运行安全标准检测合格即可。所以，以涉案米其林轮胎在日本生产，在中国没有3C认证标志，就推断轮胎质量具有安全隐患，并进而推断损害了原告的商业信用，该论证值得商榷。

综上所述，判断是否存在商标侵权行为必须按照相关法律规定来进行严格的甄别。虽然商标法禁止商标侵权的目的是为了保护经营者的商誉不受侵害，但商标专用权与商誉之间的关系绝对不能混淆，不能简单地认为如果被告的行为造成原告商誉受损，被告就侵犯了原告的注册商标专用权。就米其林商标侵权纠纷案来看，在界定是否存在侵权的问题上因被告造成原告商誉受损就判定被告构成商标侵权这种反推理的方式，本文认为是不恰当的。

---

①　比如，中国澳门地区的车辆挂粤澳两地车牌可以进出珠海、澳门海关；中国香港地区的车辆挂粤港两地车牌可以进出深圳、香港海关，我国内蒙古的满洲里海关关口；俄罗斯挂中俄两地车牌的车辆可以进出两国边境。

二、平行进口中商标权权利边界具体分析

以行政法为基础来进行判断，被告因销售无3C强制认证轮胎的行为违反了我国行政法强制性规定，相关行政部门在受理商标权利人的举报后应依法对违法经营者进行查处并使其承担相应的法律责任。

以民法为基础来进行判断，原告所销售的米其林轮胎产品是在中国注册并生产的，而被告亦在销售标有米其林商标的轮胎产品，两者为同一市场的竞争关系，对于错误标记平行进口商品等级并导致商标权人声誉受损问题，由于《商标法》没有规定该类行为属商标侵权行为，所以也不宜按照商标侵权处理，但是可以根据《反不正当竞争法》第九条起诉被告虚假宣传，或者通过《民法通则》的侵犯法人名誉权的行为，提出诉讼。

综上分析，平行进口中商标专用权亦有权利边界，商标专用权行使不能违反超过知识产权保护的法律边界，知识产权保护具有强烈的法定性，如果法律没有明确规定，法院显然不能任意扩大商标的保护范围。平行进口行为首先在《商标法》中未予以禁止，所以商标权利人认为平行进口商品侵犯其商标专用权是扩大了其权利边界，也是对市场竞争的限制，这种限制打破了知识产权的保护和平等竞争权的平衡，损害了竞争，也将导致消费者福利的降低。

平行进口中的商标权权利冲突集中体现在商标权和进口商所有权的冲突，在两者冲突的情况下，如果给予商标权人绝对保护，则体现出对进口商所有权的限制，而商标权与所有权均属同一法律位阶，均属对世权，因而这种对进口商所有权的限制并无坚实的法理依据，知识产权的权利边界与财产权的权利边界在某种程度上是此消彼长的关系。① 而这意味着知识产权保护制度才是发达国家与发展中国家分歧最大的制度之一。发达国家可以通过知识产权制度确

---

① 刘亚军，孙长亮．平行进口中商标权保护——利益平衡与立法选择［J］．学术交流，2016（8）：158.

保技术上的绝对优势，并将其转化为经济利益；发展中国家往往诉诸相对宽松、适度的知识产权保护机制。① 可以这样理解，商标权与进口商所有权冲突间的利益保护倾向，是政府依据其经济形势和发展以及对其经济政策进行调整的结果。TRIPS 协议第八条明确提出，"必要时可采取适当措施来防止知识产权持有人对知识产权的滥用，以及不正当、不合理的限制贸易自由或者对国际技术转让有严重影响的行为"，由此可见，TRIPS 协议传递的基本经济信号是贸易自由，也是各国对知识产权保护不应与贸易自由的基本理念相悖，从而，平行进口行为可在商标权保护与进口商所有权之间找到支撑点。

我国 2013 年实施了新修改的《商标法》，但其中条文仍然未对平行进口表明立场和态度，也未像有些国家对商标权的权利限制和权利用尽原则予以明确规定②，这样就会造成我国商标权权利边界不清，也不利于商标权人及公众对其在商业中的行为和结果作预见性判断。因而，结合我国的商标立法现状及实践总结，笔者提出如下建议：

第一，在《商标法》中明确当商标商品经商标权人同意在国内市场首次出售后，无论该首次出售是否附加了条件，其商标权国内权利用尽，之后的再销售行为都不构成对权利人商标权的侵害。如果在特许经营合同中，被许可人由于不符合特许协议将其商品未在指定区域销售，则特许人仅可追究被特许人承担违约责任，而不得依据其商标权起诉被特许人商标侵权。如果第三人从被特许人处购得该商标产品后，仍然可以根据权利用尽原则将该产品运到其他地域销售，即其行为不构成对特许人商标权的侵害。这样对平行进口持明确态度，不仅是中国现在经济发展需求和趋势需求，也是由

① 王华．更严厉的知识产权保护制度有利于技术创新吗［J］．经济研究，2011（2）：124.

② 《欧共体商标指令》第六条、第七条则分别规定了对商标权的限制和权利用尽原则；《新加坡商标法》第二十八条、第二十九条亦规定了不构成商标侵权的行为和权利用尽原则。

于平行进口商标产品的经济行为增加，相应的平行进口纠纷也会随之增长，因此，明确平行进口立法，明确权利用尽原则，对于市场亦有明确的指引作用。

第二，针对商标权是否采用国际权利用尽原则，笔者认为现阶段亦需要仔细斟酌。本书认为我国可以采用有保留的商标权的国际权利用尽原则，也就是如果符合以下情形才被允许平行进口。①参考美国的共同控制关系，即国内商标权人和国外商标权人为同一人或母子公司关系或是共同被同一人或同一公司或组织控制；②参考新加坡和我国香港特区的标准，即除共同控制关系外还包括商标许可关系，也就是国内商标权人和国外商标权人有商标许可使用联系；③借鉴美国 Lever 规则，对存在产品差异的平行进口，原则上予以禁止，但如果平行进口商在产品上贴附具有明显的警示性说明，声明其产品与国内授权产品存在来源、品质、外观等实质上的差异，则允许其进口。

第三，海峡两岸暨香港、澳门商品的自由流动问题。随着海峡两岸暨香港、澳门 CEPA 协议的不断深化，众多香港、澳门产品开始零关税进入内地。在这一背景下，将海峡两岸暨香港、澳门的商标产品平行进口法律规则进行协调不仅具有法律指引作用，更是对海峡两岸暨香港、澳门之间的商品自由流动来说意义非凡。“香港商标法”已明确规定了国际权利用尽原则。“澳门商标法”虽然未对权利用尽原则作出明确规定，但从其商标法规定和司法实践来看，亦是倾向于国际权利用尽原则。① 因而，中国内地亦应倾向于商标权的区域权利用尽原则，从而使商品在内地、香港、澳门的自

---

① 澳门第 97/99/M 号法令第二百二十条规定，商标注册所授予之权利，并不容许其权利人阻止第三人在所进行之经济活动中对下列者之使用，只要该使用符合工商业活动中诚实经营之规定及习惯：(a) 权利人之姓名及地址；(b) 对于产品或服务之种类、质量、数量、用途、价值、来源地、产品生产时节或服务提供时节，又或产品或服务之其他特征之指明；(c) 注册商标，只要系指明某产品或服务之原产地所必需者，尤其就附件或备用件而作之指明。根据该款规定，由于平行进口的商标产品并非假造或仿造商品，因此，平行进口不构成侵权。

由流动不会受到商标权利的阻碍。但是，还应注意内地、香港、澳门在制定平行进口规则时，各自协调考量的角度不同，可能还是存在细微差异，因而要尽量统一彼此间的规则。

本章小结

本章首先论述的是平行进口的原因和对由于平行进口引发的利益争端和法律问题，然后从知识产权法的权利用尽原则以及平行进口中相关竞争问题的规制对我国平行进口规制体系进行了探讨，最后本章通过权利边界理论分析认为，我国应在原则上允许商标商品以及著作权商品的平行进口行为，确认国内权利用尽原则，并且规定有保留的商标权的国际权利用尽原则，保留条件即为如果是国内商标权人与国外商标权人并未存在任何经济关系（无共同控制关系），以及如果生产商对于产品销售原因使各国产品质量存在差异，而平行进口商品与国内商品存在质量上的实质性差异可能会导致消费者混淆并侵害国内商品商标权人权益等情况时，应予以禁止。

结　论

在科技的不断进步与知识产权制度的发展进程中，权利与权利边界二者总是处在一个动态的平衡过程中，没有绝对的权利，只有相对的边界。知识产权虽然带着自然垄断的特征，使其权利人拥有市场竞争优势地位，但是究其立法根源仍然是为鼓励创新，激励竞争，从而造福社会公众和国家发展。

知识产权制度是在保障知识产权人专有权的同时实现其公共利益价值。因此，应当避免知识产权人利用知识产权强势地位，把知识产权演变成维持市场垄断地位、阻碍技术转移与开发的工具。对知识产权的权利边界研究，其意义不仅在于厘清知识产权保护中竞争权与垄断权的关系，而且确定专利权与技术标准的关系，解决外观设计权与著作权或商标权的冲突，并判断平行进口中的知识产权权利用尽原则与自由贸易原则的关系。从竞争法角度看，权利边界理论也是在公法领域从“权利本位”向“社会本位”价值观的自然延伸。

本书从知识产权法与竞争关系入手，从权利边界理论层面和制度层面展开研究智力成果及某些无形资产的保护与权利行使问题。

在权利边界的基础理论方面，本书从知识产权与市场竞争的关系入手论及知识产权保护日益高涨的情势下知识产权权利人借助于知识产权这一合法的垄断权拥有了竞争优势，但在利用竞争优势的过程中，出现的一些反竞争行为应受到规制，那么权利边界的理论的研究是必要的，也是合理的，并且对规制反竞争行为具有重要意义。

在梳理了与知识产权权利边界理论密切相关的知识产权权利滥用、知识产权权利冲突等理论后，笔者对权利边界理论与权利滥用以及权利冲突的关系发表了自己的见解。笔者认为，知识产权滥用是超出知识产权法律边界的一种行为，因而在判断知识产权是否滥用的问题上可借助权利边界理论，依照内部边界和外部边界加以判断。知识产权权利冲突则是知识产权权利应当划定边界的原因，权利冲突有的表现为知识产权个人利益与社会公共利益的冲突，有的表现为知识产权个人利益与他人利益的冲突，这些冲突需要对相互冲突的权利进行划界，因而可以总结出权利冲突时引起权利边界理论的原因。

第三、四、五章是实务研究，将权利边界理论具体运用到知识产权引发的具体的相关竞争问题进行分析检验。

在专利标准引发的垄断问题上，通过研究标准专利反竞争行为，首先从标准制定及标准实施两环节入手规制。本书认为，专利纳入标准后极容易产生知识产权滥用行为，从而损害竞争，通过对专利纳入标准后对竞争的不利影响进行考察和分析，以及标准专利的行使产生超越权利外部边界的反竞争行为类型和反垄断规制考察因素，提出了规制标准专利的建议。对于标准组织专利政策的完善应强调专利政策的明晰、专利披露制度的具体及标准制定的透明，建议通过进一步完善我国的标准化管理法制，完善专利法律制度，将标准专利法律法规综合化，实现合同法、专利法、反垄断法三者的协调发展，共同解决专利标准化下的有关问题。

在外观设计专利权与其他知识产权权利边界研究章节，本书首先梳理了外观设计专利与实用艺术作品的著作权、立体商标的商标权和基于《反不正当竞争法》保护的知名商品包装装潢保护客体相似性等原因，产生了知识产权的多重保护现象，从而导致无法确认相关权益归属而引发的不正当竞争问题。本书比较了美国、英国、德国和法国的法律经验，以及我国当前的立法状态，最后，通过权利边界理论分析外观设计的多重保护的非正当性，建议应通过明晰知识产权立法目的确定外观设计权利的内部边界，再提出解决外观设计专利权与其他知识产权之间权利冲突的解决路径。

本书最后通过权利边界理论分析平行进口合法性问题。讨论了平行进口的原因和对由于平行进口引发的利益争端和法律问题，然后对知识产权法的权利用尽原则以及平行进口中相关竞争问题的规制对我国平行进口规制体系进行了探讨，最后通过权利边界理论分析认为，我国应在原则上允许商标商品以及著作权商品的平行进口行为，确认国内权利用尽原则，并且规定有保留的商标权的国际权利用尽原则，即为如果是国内商标权人与国外商标权人并未存在任何经济关系（无共同控制关系），以及如果生产商对于产品销售原因使各国产品质量差异，而平行进口商品与国内商品存在质量上的实质性差异可能会导致消费者混淆并侵害了国内商品商标权人权益等情况时，应予以保留。

然而以上的阶段性研究成果，并不能涵盖所有的竞争中知识产权权利边界问题。由于笔者学识所限和某些条件尚未具备，本书只选取了一些主要的研究方法，选择了较有代表性的竞争中的知识产权权利边界问题作为研究对象，暂时未能对所有类别的知识产权行使引发的竞争问题作全面和更深入的分析。由于知识产权的发展正呈现出在保护时间、地域、客体等方面不断扩张的趋势，对其他已有或者将要出现的知识产权问题，希冀在今后的学习研究中，能够综合运用更多不同的研究方法，收集更多、更新的研究资料，对知识产权权利边界理论运用及其他问题作进一步的探索。

参考文献

一、中文著作和论文集

[1] 吴汉东，等. 知识产权基本问题研究［M］. 北京：中国人民大学出版社，2005.

[2] 吴汉东，胡开忠. 无形财产权制度研究［M］. 北京：法律出版社，2001.

[3] 郑成思. 知识产权法［M］. 北京：法律出版社，1997.

[4] 王先林. WTO 竞争政策与中国反垄断立法［M］. 北京：北京大学出版社，2005.

[5] 蒋悟真. 论竞争法的基本精神［M］. 上海：上海三联书店，2008.

[6] 曾宪义. 知识产权法［M］. 北京：中国人民大学出版社，2007.

[7] 王先林. 知识产权与反垄断法：知识产权滥用的反垄断问题研究［M］. 北京：法律出版社，2008.

[8] 徐士英，等. 竞争法新论［M］. 北京：北京大学出版社，2006.

[9] 王利明. 民法总则研究［M］. 北京：中国人民大学出版社，2003.

[10] 时建中. 反垄断法——法典释评与学理探源［M］. 北京：中国人民大学出版社，2008.

[11] 彭志刚. 知识产权拒绝许可反垄断法律问题研究［M］. 北京：法律出版社，2011.

[12] 王晓晔. 反垄断法［M］. 北京：法律出版社，2011.

[13] 戴龙．滥用市场支配地位的规制研究［M］．北京：中国人民大学出版社，2012.
[14] 吕明瑜．知识产权垄断的法律控制［M］．北京：法律出版社，2013.
[15] 王晓晔．经济全球化下竞争法的新发展［M］．北京：社会科学文献出版社，2005.
[16] 王先林．中国反垄断法实施热点问题研究［M］．北京：法律出版社，2011.
[17] 冯晓青．知识产权法利益平衡理论［M］．北京：中国政法大学出版社，2006.
[18] 冯晓青，杨利华，等．知识热点问题研究［M］．北京：中国人民公安大学出版社，2004.
[19] 国家知识产权局知识产权发展研究中心．规制知识产权的权利行使［M］．北京：知识产权出版社，2004.
[20] 张伟军，张韬略．知识产权与竞争法研究［M］．北京：知识产权出版社，2014.
[21] 严桂珍．平行进口法律规制研究［M］．北京：北京大学出版社，2009.
[22] 彭礼堂．公共利益论域中的知识产权限制［M］．北京：知识产权出版社，2008.
[23] 张广良．秩序与边界——知识产权相关竞争法问题研究［M］．北京：知识产权出版社，2015.
[24] 杨巧．知识产权法学［M］．北京：中国政法大学出版社，2012.
[25] 王兵．欧盟知识产权法律法规概论［M］．北京：清华大学法学院，2000.
[26] 张平，马骁．标准化与知识产权战略［M］．北京：知识产权出版社，2005.
[27] 郑胜利，曲三强．北大知识产权评论：第二卷［M］．北京：法律出版社，2004.
[28] 唐广良，董炳和．知识产权的国际保护［M］．北京：知识

产权出版社，2002.

二、中文论文

[1] 孙南申，胡荻．论工业品知识产权的法律边界［J］．国际商务研究，2016（1）.
[2] 孙南申，徐曾沧．美国对技术标准中专利信息不披露行为的反垄断措施［J］．华东政法大学学报，2009（1）.
[3] 王晓晔．戒律强势——欧共体竞争法中的滥用市场支配地位［J］．国际贸易，2000（5）.
[4] 王晓晔．欧共体竞争法中的知识产权［J］．环球法律评论，2001（2）.
[5] 韩玉雄，李怀祖．知识产权保护对社会福利水准的影响［J］．世界经济，2003（9）.
[6] 王先林．若干国家和地区对知识产权滥用的反垄断控制［J］．武汉大学学报：社会科学版，2003（2）.
[7] 吕明瑜．欧共体竞争法对中国反垄断立法的启示［J］．经济师，2003（8）.
[8] 王先林．论知识产权滥用及其法律规制［J］．法学，2004（4）.
[9] 冯晓青．知识产权、竞争与反垄断之关系探析［J］．法学，2004（3）.
[10] 王晓晔．知识产权滥用行为的反垄断法规制［J］．法学，2004（3）.
[11] 乔生，陶绪翔．我国限制知识产权滥用的法律思考［J］．现代法学，2005（1）.
[12] 谢红慧．欧盟竞争法中的“必要设施原则”［J］．北京政法职业学院学报，2005（2）.
[13] 唐晓帆．欧盟药品补充保护证书 SPC 制度简介［J］．电子知识产权，2005（10）.
[14] 张亚斌，易先忠．南方国家知识产权保护与南北经济收敛［J］．财经研究，2006（6）.

[15] 王宏．欧盟竞争法对知识产权人滥用市场支配地位之规制——从欧洲法院的视角解析《欧共体条约》第八十二条［J］．河南司法警官职业学院学报，2006（2）．
[16] 许光耀．著作权拒绝许可行为的竞争法分析——欧洲法院IMS 案判决研究［J］．环球法律评论，2007（6）．
[17] 王晓晔．滥用知识产权限制竞争的法律问题［J］．中国社会科学，2007（4）．
[18] 林平．反垄断中的必需设施原则：美国和欧盟的经验［J］．东岳论丛，2007（1）．
[19] 王先林．反垄断执法与知识产权保护之间的平衡——美国《反托拉斯执法与知识产权：促进创新和竞争》报告述评［J］．学术论坛，2007（6）．
[20] 王先林．滥用市场支配地位与知识产权［J］．电子知识产权，2007（7）．
[21] 韩立余．反垄断法规范知识产权滥用的特点与局限——以欧美微软案为视角［J］．暨南学报，2007（2）．
[22] 吕明瑜．知识产权人拒绝交易中的垄断控制——知识经济视角下的分析［J］．法学论坛，2008（5）．
[23] 吕明瑜．知识经济条件下知识产权与反垄断法关系新特点探析［J］．河南省政法管理干部学院学报，2008（1）．
[24] 周红阳，林欧．反垄断法规制专利标准化垄断的制度模式［J］．法律适用，2013（12）．
[25] 陈莉，胡晓爽．效率：反垄断法的价值目标［J］．唯实，2008（1）．
[26] 张伟君．滥用知识财产权在中国《反垄断法》中的含义——对欧盟在 TRIPS 理事会提出的质疑的回答［J］．世界贸易组织动态与研究，2008（3）．
[27] 赵耀，吴玉岭，胡汉辉．知识产权与反垄断法：一般关系、美国经历与中国立场［J］．江海学刊，2008（6）．
[28] 王先林．知识产权行使行为的反垄断法规制——《反垄断法》第五十五条的理解与适用［J］．法学家，2008（1）．

[29] 吕明瑜．美欧知识产权人拒绝交易反垄断规制的判例法实践与启示［J］．南都学坛：人文社会科学学报，2009（3）．

[30] 刘丽娟．反垄断法对知识产权滥用的限制［J］．知识产权，2009（5）．

[31] 刘彤．欧美对于拒绝知识产权许可的反垄断审查标准及其对我国的启示［J］．学术交流，2009（11）．

[32] 彭霞．欧盟竞争法规制知识产权拒绝许可对我国的启示［J］．电子知识产权，2009（8）．

[33] 王先林，仲春．知识产权反垄断的国际视角——《竞争政策与知识产权行使》介评［J］．电子知识产权，2009（5）．

[34] 吕明瑜．知识产权垄断呼唤反垄断法制度创新——知识经济视角下的分析［J］．中国法学，2009（4）．

[35] 吕明瑜．论知识产权垄断法律控制的理论基础［J］．河北法学，2009（2）．

[36] 郭德忠．拒绝许可著作权的反垄断法规制［J］．云南行政学院学报，2010（3）．

[37] 孙凌云．论市场支配地位之认定［J］．河南省政法管理干部学院学报，2010（5）．

[38] 吴雪燕．TRIPS-plus 条款的扩张及中国的应对策略——以药品的专利保护为视角［J］．现代法学，2010（5）．

[39] 张丽娜．跨国公司知识产权滥用的反垄断规制——以《反垄断法》为视角［J］．广西政法管理干部学院学报，2011（3）．

[40] 韩赤风．论知识产权权利滥用的界定——以立法和司法实践为视角［J］．法治研究，2011（7）．

[41] 赵启杉．对我国《反垄断法》知识产权除外条款的质疑［J］．东方法学，2011（1）．

[42] 孟雁北．规制与规制的限制：透视中国反垄断视野中的知识产权许可行为［J］．中国社会科学院研究生院学报，2012（1）．

[43] 薛虹．知识产权准多边国际体制的扩张［J］．暨南学报：哲

学社会科学版，2012（6）.
[44] 张杰，芦哲．知识产权保护、研发投入与企业利润［J］．中国人民大学学报，2012（5）.
[45] 龙柯宇．滥用知识产权市场支配地位的反垄断违法认定［J］．四川理工学院学报：社会科学版，2012（6）.
[46] 胡凯，吴清，胡毓敏．知识产权保护的技术创新效应——基于技术交易市场视角和省级面板资料的实证分析［J］．财经研究，2012（8）.
[47] 吴凯，蔡虹，赵皎卉．知识产权保护和贸易对中国经济发展的作用［J］．科学学研究，2013（1）.
[48] 吕明瑜．知识产权许可限制反竞争审查的一般分析框架［J］．河南财经政法大学学报，2013（1）.
[49] 何炼红．知识产权的重叠保护问题［J］．法学研究，2007（3）.
[50] 王先林．我国反垄断法适用于知识产权的再思考［J］．南京大学学报：哲学·人文科学·社会科学版，2013（1）.
[51] 尹志锋．确定最优知识产权保护水平［J］．中国社会科学报，2016（4）.
[52] 詹映．我国知识产权保护水平的实证研究——国际比较与适度性评判［J］．科学学研究，2013（9）.
[53] 徐棣枫，厉宁．专利领域中的反垄断问题研究——试论滥用专利权［J］．南京大学学报：哲学人文科学社会科学版，1998（4）.
[54] 易继明．禁止权利滥用原则在知识产权领域中的适用［J］．中国法学，2013（4）.
[55] 王克金．权利位阶、权利平等抑或权利边界——以权利冲突的解决为视角［J］．长白学刊，2010（4）.
[56] 王闯．知识产权的权利边界与裁判方法［J］．人民司法，2016（22）.
[57] 徐飞．诚实信用原则在知识产权保护中的适用［J］．中国外资，2011（247）.

[58] 吴民许．试论知识产权权利边界的确定方法［J］，科技与法律，2009，79（3）．
[59] 李亚虹．知识产权的边界与利益平衡［J］．法治研究，2014（10）．
[60] 叶明，吴太轩．技术标准化的反垄断法规制研究［J］．法学评论，2013（3）．
[61] 沈玮玮，姬德华．外观设计专利的后续保护及其限制［J］，知识产权，2016（7）．

三、翻译著作和译文集

[1] 卡尔·拉伦茨．法学方法论［M］．陈爱姆，译．北京：商务印书馆，2004.
[2] 威廉·M. 兰德斯，理查德，A. 波斯纳．知识产权法的经济结构［M］．金海军，译．北京：北京大学出版社，2005.
[3] 富田彻男．市场竞争中的知识产权［M］．北京：商务印书馆，2000.
[4] 美国版权法［M］．孙新强，于改之，译．北京：中国人民大学出版社，2002.
[5] 法国知识产权法典（法律部分）［M］．黄晖，译．北京：商务印书馆，1999.

四、学位论文和会议论文

[1] 周灵方．竞争正义研究——反垄断法的政治经济伦理批判［D］．长沙：中南大学，2012.
[2] 龙柯宇．滥用知识产权市场支配地位的反垄断规制［D］．成都：西南财经大学，2012.
[3] 夏志豪．标准选定过程中知识产权保护的冲突与平衡——以政府指定3G 标准为例［D］．北京：中国政法大学，2008.
[4] 李霞．欧盟竞争法对知识产权滥用市场支配地位的规制［D］．上海：华东政法大学，2014.
[5] 詹映．专利池的形成：理论与实证研究［D］．武汉：华中科

技大学, 2007.

[6] 吴晨播. 知识产权搭售的反垄断规制 [D]. 上海: 华东政法大学, 2010.

五、外文类

[1] Ted Hagelin. The Experimental Use Exemption to Patent Infringement: Information on Ice, Competition on Hold [M]. 58Fla. L. Rev, 2006 : 483.

[2] Obijiofor Aginam. Between Life and Profit: Global Governance and the Trilogyof Human Rights, Public Health and Pharmaceutical Patents [M]. 31N. C. J. Int'l L. & Com. Reg, 2006: 901.

[3] World Health Organization, WTO Agreements and Public Health [S]. World Health Organization, 2002.

[4] European Communities—Protection of Trademarks and Geographical Indications for Agricultural Products and Foodstuffs [R]. Repot of the Panel, WT/DS174/R.

[5] Paul Goldstein. Interttational Copyright: Principles, Law, and Practice [M]. NewYork: Oxford University Press, 2001.

[6] Frederick M, Abbott & David J. Gerber. Public Policy and Global Technological Integration [M]. Kluwer Law International, 1997.

[7] Joseph J. Basista, Lynda J. Zadra-Symes. Using U. S. Intellectual Property Rights to Prevent Parallel Imports [J]. E. I. P. R, 1998, 20 (6) : 219-225.

[8] Carsten. Fink (Editor). Intellectual Property Protection: Effects on Market Structure, Trade and Foreign Direct Investment [J]. World Bank Publications, 2004.

[9] Antoon Quaedvlieg, Copyright's Orbit round Private, Commericial and Economic Law-The Copyright System and the Place of the User, 29 II C 420 (1988); Peter Drahos, A Philosophy of Intellectual Property [DB]. Darthmouth Publishing Company

Ltd. , 1996.

[10] Lametti. The Concept of Property: Relations through Objects of Social Wealth [D] . Toronto: University of Toronto Law Journal (Fall), 2003.

[11] William Landes and Richard Posner. An Economic Analysis of Copyright Law [J] . Jounal of Legal Studies, 1989 (18) : 325.

[12] Jusin Hughes. The Philosophy of Intellectual Property [J] . Georgetown Law Journal, 1988 (77) : 287, 299-330.

[13] Robert Nozick. Anarchy, State and Utopia [M] . New York: Basic Books, 1974: 178-282.

[14] John Locke. Two Treatises of Government [M] . Cambridge: Cambridge University Press, Second Treatise, sec. 1970: 27.

[15] Thomas Jefferson. Notes on the State of Virginia. New York : Norton, 1972 ; Karl Marx. Economic and Philosophic Manuscripts of 1844 [M] . New York: International Publishers, 1694.

[16] Copyright and a Democratic Civil Society [J] . Yale Law Journal, 1996 (106): 283.

[17] Peter Drahos. A philosophy of Intellectual Property [M] . New Hampshire: Dartmouth Publishing Company Limited, 1996: 200-222.

[18] Andrew Christie, Stephen Gare. Blackstone's Statute-Intellectual Property [M] . 7th ed. Oxford: Oxford University Press, 2004.

[19] Aurther R. Miller, Michael H. Davis. Intellectual Property: Patents, Trademarks and Copyright [M]. 3rd ed. 北京: 法律出版社, 2004.

[20] BRIAN A. BLUM. Contracts [M]. 2nd ed. 北京: 中国方正出版社, 2004.